苦しい恋から
抜け出せない人 たち

恋爱依赖症

为何爱情如此伤人

［日］伊东明 著

宋家玉 译

著作权合同登记号　图字：01-2015-7868

图书在版编目（CIP）数据

恋爱依赖症/（日）伊东明著；宋家玉译. — 北京：北京大学出版社，2018.11
　　ISBN 978-7-301-29818-3

Ⅰ.①恋… Ⅱ.①伊… ②宋… Ⅲ.①恋爱心理学–心理自助读物 Ⅳ.① C913.1-49

中国版本图书馆CIP数据核字（2018）第193386号

RENAI IZONSHO
Copyright © 2015 Akira Ito
Chinese translation rights in simplified characters arranged with
Jitsugyo no Niho Sha,Ltd through Japan UNI Agency,Inc.,Tokyo

书　　　名	恋爱依赖症——为何爱情如此伤人 LIANAI YILAI ZHENG
著作责任者	［日］伊东明　著　宋家玉　译
责 任 编 辑	闵艳芸
标 准 书 号	ISBN 978-7-301-29818-3
出 版 发 行	北京大学出版社
地　　　址	北京市海淀区成府路205号　100871
网　　　址	http://www.pup.cn　　新浪微博：@北京大学出版社
电 子 信 箱	minyanyun@163.com
电　　　话	邮购部 010-62752015　发行部 010-62750672　编辑部 010-62750673
印 刷 者	北京大学印刷厂
经 销 者	新华书店
	880毫米×1230毫米　32开本　9.25印张　200千字 2018年11月第1版　2019年7月第2次印刷
定　　　价	48.00元

未经许可，不得以任何方式复制或抄袭本书之部分或全部内容。
版权所有，侵权必究
举报电话：010-62752024　电子信箱：fd@pup.pku.edu.cn
图书如有印装质量问题，请与出版部联系，电话：010-62756370

目 录

译者序　v

在苦涩的恋爱中走不出来的人们（代序）　ix

第一章　名曰"爱"的麻醉剂　1

　　无法自拔的苦涩之恋　2
　　"爱"不是廉价的赠予　6
　　到底是被爱？还是被利用？　9
　　恋爱依赖症患者之扭曲的爱　13
　　恋爱依赖症的四种类型　24
　　依赖症就是痴迷于某些东西　25
　　各种各样的误解　28

第二章　相互依赖　36

　　走不出"小白脸"情结　36
　　即使被暴力伤害也不言放弃　39
　　不幸的女性想要幸福　42
　　只是本人没有发现　44
　　依赖于相互依赖的人　45

认清相互依赖的要点　48
相互依赖的婚恋情感周期　61
为何会产生相互依赖的恋爱心理　67
童年创伤性的经历会给人造成巨大的影响　88
解决问题的三个关键词　89

第三章　回避依赖　96

吸引相互依赖症的人　96
不要建立"适度的壁垒"　118
为什么相互依赖症者和回避依赖症者就像
　　一对翩翩起舞的舞者？　128
从逃避行为开始　138
做出决断的五个要点　138
同情心不可过多过滥　143

第四章　浪漫依赖　145

把上面的故事浪漫化改编　147
爱到底是什么？　149
只追求刺激和性爱的人　154
不撞南墙不回头，不见棺材不落泪　162
爱情激素　167
爱情经历未必带来良好的经验　168
恋爱游戏　171
生活在幻想的世界里　174
是什么东西让人痴迷于幻想　178

一段浪漫恋爱结束了，接着再去寻找下一个目标　　180
灰姑娘的愿望　182
与边缘型人格障碍的关联性　185
深层心理的痛苦　191
克服浪漫依赖的两种方法　192

第五章　性依赖　*196*

无法抑制的性欲望与性冲动　196
色情中毒　199
无法停止地玩火　202
追求性爱的人　204
性依赖的概念　205
对自己、对他人都造成了严重的危害　207
治疗"性瘾"是一个痛苦的过程　209
总认为自己的"性依赖"是正常的　211
容易陷入"性依赖"的人的性格　213
从应激中逃脱出来——逃避　216
性格和职场的双重压力　219
想确认一下自己还活着——自我确认　221
性爱也是一种自伤行为　223
存在价值的证明书——性能力　225
除了性感觉不到爱——渴望被爱　228
创伤的治愈——重新开始，从头再来　230
为什么会一边哭着，一边还能做着爱呢？　233
恢复的道路正在打开　235
向对方告白　239

第六章　祈求平稳的改变　241

恢复的步骤　241
健康的人际关系的目标　242
警惕心灵的悲鸣——步骤1"承认"　243
需要他人的帮助——步骤2"求助"　245
认清自己的问题——步骤3"时常注意这些问题"　248
了解被压抑的欲望——步骤4"认识引力"　252
不爱自己就不会爱他人——步骤5"从爱自己开始"　253
了解重大创伤对人造成的影响——步骤6"客观地
　　面对过去"　258
重新打开那扇郁结已久的心门——步骤7"治愈过去"　262
放弃执着——步骤8"放手"　264
绝不走回头路——步骤9"抗拒反弹"　268
相信自己的力量——步骤10"鼓起勇气迈出第一步"　270

译者序

两年前拿到日本心理学家伊东明的《恋爱依赖症》原版，一阅便欲罢不能，认为写得相当不错。

国人对"依赖症"这个概念并不陌生，比如酒精依赖、药物依赖、毒品依赖等，都是大家耳熟能详的。除了这些，大家还知道有哪些依赖症、依赖行为呢？女性朋友可能会马上想到情感依赖，年轻人可能会想到时下较为"流行"的手机依赖、网购依赖等。没错，这些都是比较常见的依赖行为，但依赖症还远远不止这些，还有很多是大家不甚熟悉的，像工作依赖、食品依赖、赌博依赖、恋爱依赖、人际关系依赖等。随着社会的发展，依赖症的种类和形式也在不断地花样翻新，像手机依赖和网购依赖就是近几年来才出现的新型的依赖关系，在年轻人当中甚为普遍，已经影响到很多年轻人的生活。

伊东明比较擅长婚姻情感和两性关系方面的心理咨询，接触的个案比较多，在接触个案的时候他发现很多年轻人在婚恋关系上屡屡受挫，有的欲爱不能，有的欲罢不止；有的沉浸于痛苦不堪的婚恋情感关系中不能自拔，有的沉溺于各种婚外情、婚外恋关系中不肯改悔。这在日本已经不是个别现象，可以说相当普遍。很多人把自己的婚恋情感关系强迫性地依赖在另一个人身上，在外人看来，这段婚恋情感关系早就应该解体或终止了，但对于当事人来说却未必那么清楚，甚至很难做到，所以，总是反反复复，结束了又复合，复合了再结束，总是走不出痛苦困顿的婚恋情感漩涡。伊东明从个体的生理、心理以及社会、遗传、家庭环境等诸多因素中总结出了深陷这类婚恋情感依赖的原因和机理，把这些依赖关系分成"单向依赖""相互依赖""依赖与回避依赖""浪漫依赖"和"性依赖"几种类型，最后给出了解决这些依赖问题的办法。

结合我国的实际情况，应该说，深陷各种形式的情感依赖的大有人在，尤其是女性朋友，比如有的人走不出一段令自己痛苦不堪的情感关系；有的人放不下一段令自己伤痕累累痛不欲生的婚姻关系；还有的人放不下一段已经不可能走到一起的恋爱关系，等等，其实这都是婚恋情感依赖的典型症状。这本书针对的正是这些问题，看上去本书好像只是在写恋爱依赖，这是日本人的表述抑或说意识习惯。在情感关系中，日本人更关注恋爱关系，在日本人的意识里面，恋爱是大事，所以，为了迎合日本读者的需求，伊东明选择了恋爱关系作为叙述重点。而中国读者更加注重婚姻情感关系，更愿意在婚姻和情感关系上得到一些专业的帮助和指导。应该说伊东明这本书是非常适合中国读者实际情况的。

恋爱依赖也好，情感依赖也好，性质都差不多，都是一种难以自拔的不健康的强迫依赖关系，都应该引起当事人的注意。书中介绍了很多自查的方法，读者可以对照自检，一旦符合这些症状，那就应该按照书中介绍的方法进行调整，避免给自己带来更深更不利的影响。但多少有一点点依赖的话是不必太在意的，只要没有引起明显的身心不适，没有给自己或他人带来严重的心理和精神负担，那就不必过分紧张。"依赖"确实不是一件好事，爱对方和被对方爱都是人生很美好的事情，但"爱"一定要有好的感受，一旦"爱"变成了纠缠或者变成了伤害，那这个"爱"就变质了，就要考虑调整或是终止。这本书就是教给大家怎样区别健康的爱和变质的爱，怎样解决"爱变异"的问题。

由于我的水平有限，在翻译过程中难免会有瑕疵纰漏，因此恳请读者朋友们给予谅解并批评指正，在此表示衷心感谢！

宋家玉

2018 年 2 月 18 日

在苦涩的恋爱中走不出来的人们（代序）

即使不是艺人或者名人，本书中所写的这些匪夷所思的事在普通人身上就没有发生过吗？也不一定。

为什么有些男人一到了成熟的年纪就特别喜欢四处谈情说爱？如果女孩子愿意和这种离不开恋爱的人交往的话，这个女孩也一定是个贪图虚荣、追求安逸的人。对于当下社会那些"高大上"的男人们来说，让女孩子上钩是件非常容易的事。其实对于漂亮女孩子而言，选择男人的余地是很大的，为什么却偏偏喜欢这种喜欢玩暧昧的男人呢？如果女孩们不这么傻的话，她们应该有个非常幸福的结局，遗憾的是，就有这么些人非要去做这种愚蠢的傻事！

应该说做这种傻事的女（男）孩也不怎么样，谁爱上这种傻孩子，也是一件不幸的事。关键问题是双方都不明白，都属于糊涂一族，面对那么多的教训，他（她）们根本就不去总结和接受。要知道，不管对谁来说，活着的人也好，故去的人也好；帅也好，有能力、有本事也好，即便感觉自己超有魅力超有才华又怎么样呢？最终大家都是朝着那个"特制的盒子"奔去的，谁都一样。所以，好好地对待自己，对待生活，对待他人，对待彼此的一生，这是最为关键的。

首先表明，我不是一个心理咨询师，所以不接受付费的心理咨询。我是一个比较擅长男女婚恋心理方面的心理专家，在大学授课和在企业做相关研修的时候，围绕着恋爱这类话题找我倾诉的人很多，几乎成了家常便饭。另外，我还做了10年以上的手机官方网站的"恋爱专栏"主编，在那里闻听了成千上万的苦痛之爱的故事。

还是那句话，这种苦痛的恋爱感受，绝不是艺人或名人才有，有这些痛楚感受的真的是大有人在，只是程度上略有差异而已。

总是花心、不停地找外遇的男人，骨子里就离不开这种事情，这是他们最大的爱好。但他们未必不受此类问题的影响，尤其是他们的妻子们会被这些乱七八糟的事情气得头昏脑涨、痛苦不堪。有些妻子会变得越来越不想和她们的丈夫见面，但毕竟生活在一起，不得不整天面对这些烦恼的人和事，这成了她们最大的心病和麻烦。来自男人的这些冷暴力伤害，会令她们的脾气变得十分暴躁，动辄就发怒，其实，她们平时都是些脾气非常好的人。如果男人再因失业或其他原因赋闲在家，靠妻子养着，对于这种毫无希望的未来，妻子们会感到深深的绝望，作为一个女人，凭什么被爱、被宠、被呵护的资格就这么硬生生地被剥夺了，与其这样，还不如一个人过好，一个人孤独终老没什么大不了，比无爱的婚姻强多了。

有的女性承认自己的占有欲很强，知道丈夫只是在利用她们，对于男人耍的那些小心眼，她们其实未必真糊涂，只是不想揭穿而已。从朋友或外人的角度来看，可能会认为她们很笨。但说实在话，她们是从心里放不下自己的丈夫，只要丈夫稍做些努力的话，她们会毫不犹豫地重新接纳他们，这是她们梦寐以求的。原来我对这样的女性也缺乏了解，总认为这样的女人有点与众不同，后来才知道这是非常普遍的女性心态，几乎大多数女人都属于这种类型。

被那些道貌岸然的伪君子们骗了几次之后，女性就再也无法相信他们了，结果就只能奔着钱这个目的去了，总不能既得不到男人的心，得不到男人的爱和情，最后连仅有一点钱也全搭进去吧。最初的时候都很好，结果越是深爱着对方，越是引发了深深的焦虑和不安，甚至从头至尾把自己都毁掉了，对如此糟糕的自己，女性朋友们心生反感和厌恶。

这些女性朋友们特别需要得到帮助，她们中有很多人在工作方面非常优秀，各方面条件都很好，都很出色，但就是在恋爱方面非常不顺，要么就被劣质男人盯住不放，要么就是抓住劣质男人不放。正因为她们很优秀，所以在找对象这种事情上，她们不愿跟别人请教商量，总觉得有些难为情。

在恋爱问题上经过了一番磕磕绊绊之后，她们最终自己也搞不清楚了，自己本来就是那种没能力找到幸福的人呢？还是从一开始就不应该谈什么恋爱？女人一旦喜欢上一个男人，准没什么好结果。到底应该付出多少，才能找到自己的真爱呢？才能够享受到自己所喜欢的男人给予自己的真爱呢？这是她们深感困惑的事。

有些女性也确实是和自己过不去，甚至是自己折磨自己，更离谱的则会认为自己很特殊，很古怪，好像到了人生的某个低谷，已经无可救药了，情绪很悲观。这是不对的！恰恰相反，大家各种各样的气馁心情也好，种种痛楚烦恼的沮丧心境也罢，都不是什么了不起的个人独有的东西，是再普通不过的正常情感体验罢了，根本没什么值得大惊小怪的。如果想从痛苦的恋爱中抽身出来，就得好好地认清自己面对的这个现实，老是沉浸在"只有自己是最痛苦的，自己是最特殊的，所以无可救药了"等这样的思维模式里面，有百害而无一利。

接下来需要了解的是苦涩恋爱的产生机制和解决办法。陷入苦涩恋爱之中反反复复挣脱不出来总是有原因的，也有一定的规律可循，自然也有应对和解决这类问题的方法。就像得感冒一样，其实得感冒就是身体有病了，我们首先要了解生病的原因、症状，接下来才是感冒的处理方法，也包括预防的办法等。当然，要想做到一生绝对不感冒，或者感冒了以后马上就百分之百地痊愈，也是绝对不可能的。但是，了解感冒的知识、掌握规律，和对此类问题不闻不问、不管不顾，两种态度和处理方式后果差别是非常大的，这是不言而喻的事实。

无论对男人还是女人来说，想立刻改变他们固有的意识和想法，让他们立马来个一百八十度的转变，抑或实现一种脱胎换骨的重生，将苦涩的现状变成一个开心的恋爱，这只有"魔法处方"才能实现，现实中根本做不到。此类案例有各种各样的情况，我们也作了一些归纳和提炼，本书重点介绍的是方法，所以还是希望读者尽量不要把注意力放在"现在立刻就转变""实现一百八十度的改变""一切都围绕自己的想法"等这些急功近利的目标点上，多去关注书中介绍的措施和方法，对自己会更有益。

假如从自己内心的深处有勇气继续往下挖掘的话，很快会发现，从客观角度来讲，自己正面临着一场十分不幸的恋爱，为什么就深陷其中拔不出来呢？怎样做才能走出"泥潭"，脱离"沼泽"呢？如果能借助某种手段，让大家能够学习、了解和掌握这类相关的心理知识，应该能适当减轻苦痛之恋给人们带来的压力和痛苦。

本书以"恋爱依赖症"为主题，用心理学的观点和方法去解释为什么有的人会在恋爱中痛苦不堪，为什么有些人会长期处于这种痛苦状态中无法自拔，为什么有的人会经常性地陷入这一相同类型的怪圈里拔不出来，到底怎么做才能从痛苦的阴霾中走出来，等等。本书将围绕这些问题，从心理学的角度展开细致的分析和探讨。

真心地希望我这本书能给您减少一点痛苦，缓解一下压力；如果对您的幸福恋爱和人际关系的改善能有一点点帮助的话，我将不胜荣幸。

痛苦，从现在开始就没有必要了！

伊东明

第一章

名曰"爱"的麻醉剂

——对危险的爱着魔的时候

人生幸福的秘笈是什么？

实话实说，这是个很难回答的问题，如果让我回答的话，我可能会毫不犹豫地用一个字来回答，那就是"爱"。心理学中有个规律：人越是怎么想，事情就越是像他想的那个样子。比如整天闷闷不乐、心情不好的人，听的说的都是些不好的事，越想越说就越觉得心烦；幸福快乐的人，怎么看怎么觉得他们的生活和状态都很好，总是有滋有味，有情有调，是那么的令人羡慕、尊敬和喜欢，这种感受大家应该都有过。我所说的"爱"可不是指恋爱或性爱这么简单的爱，是包括真实的自己、周围所有的人（无论男女）和现实的这个世界，三者融为一体的综合感受，这才是我所说的爱的概念，这也是我这本书反复强调的一个非常重

> "爱"，是包括真实的自己、周围所有的人（无论男女）和现实的这个世界，三者融为一体的综合感受。

> 爱应该带来的是至高无上的幸福感,而不应该是种种令人沮丧心烦的痛苦感。

要的观点。

为什么说重要呢,这是因为仅仅沉溺于两性之间的交往、恋爱、情感及其所产生的激情、性爱等等这些非常极端的、狭隘的,甚至是到死的时候还在不停地追求的所谓的爱和刺激,其实都是产生心理疾病的根源。爱应该带来的是至高无上的幸福感,而不应该是种种令人沮丧心烦的痛苦感。来看看下面的故事,"爱"带来的是幸福呢?还是苦恼?爱能给人带来幸福,也能给人带来烦恼,如果这个平衡能保持好的话,多数人还是能够去享受爱的,但是,一旦这个平衡被打破了,很多事就不好说了。

我们先从由美的故事开始吧。

无法自拔的苦涩之恋

【例1】

由美(19岁,专科学校学生)

"老师,我该怎么办才好呢!我是不是该和良树分手呢?如果是这样的话,该怎么个分法呢?借的那些钱该怎么办呢?怎么做才能让良树改变呢?怎么办啊?怎么办啊?怎么办啊?……"

到我办公室的时候,由美就是这么一种急迫无助的状态,令我不禁有些诧异,她是怎么了?但由美给人的印象却是一个绝对单纯无辜的美少女的形象,是那种很吸引男人的女孩,再说得准确一点就是那种是男人都会有种想保护她的欲望的感觉。不知道是由于紧张还是腼腆,她从进门起好像就没抬头看我一眼,一直低着头,像是一个劲儿地在问自己"到底该怎么办啊!我太痛苦了,怎样才能从痛苦的阴霾中走出来?"

她口中的"良树"应该就是她的男朋友。听由美讲,她和良树是在她过19岁生日的时候认识的,由美和朋友京子吃完饭去冷饮店喝咖啡,旁边座位上坐着两个男孩,其中一个主动和由美搭讪:"对不起,打扰一下,现在几点了?"接下来,便是老掉牙的泡妞搭讪的套路,什么"你是干什么的呀?""难得相识,一起聊吧",等等……当时,由美很紧张,但还是很有礼貌地回应了几句,就想赶紧地离开。因为这个男孩让由美觉得凶巴巴的,穿着黑色的外套,留着披肩长发不说,头发还一多半染成了橘黄色,让人看着很不舒服。脖子上戴着一条金光闪闪的大项链,一看就不像个好人,一副街头混混的样子。京子好像很不在意这些,还挺喜欢和他们聊的。由美心想要是自己独自离开的话,对京子也不太好,没办法只能忍忍了。后来他们四人竟然一起去了卡拉OK,唱完歌以后又一起去居酒屋坐了坐。

由美没有丁点的恋爱经验,从来没和陌生男孩一起玩过,这次被陌生男孩子搭讪了一番,还一起玩了个痛快,自己都觉得有些怪怪的。两个男孩主动和京子交换了电话号码,在向由美要联系方式的时候,被由美婉言谢绝了,由美觉得彼此本来就不认识，一次偶然的相遇，大家虽然玩得挺开心，但没必要再联系了，所以就没给他们留联系方式。未曾想一周以后，一个自称"良树"的男孩突然给由美打来电话。

"谁？"由美问。

"这周有空吗，我们一起去唱卡拉OK吧？"良树诚恳地邀请由美。

"但是……那个……为啥……"由美有些难为情，一时竟不知说什么好。

"自从上次认识了以后，就没办法忘却了，实在是很在意你，真的是没有办法……"良树的这番话让由美不知所措。

良树自从上次见了由美以后就夜不能寐，茶饭不思了，老惦记着和由美取得联系，但他确实也有些诚惶诚恐、忐忑不安，毕竟不知道人家由美是怎么想的，害怕被由美拒绝，犹豫了好几天。便鼓起勇气先和京子取得了联系，从京子那里要来了由美的电话号码，然后给由美打过来。

接通电话的瞬间，由美很诧异，想简单应付几句就赶紧挂掉电话。结果被良树一番彬彬有礼、热情友好的表达给吸引住了，慢慢便放弃了挂电话的想法。他们这通电话竟然足足打了两个多小时。

良树今年22岁，没有固定职业，靠打零工维持生计。老家在东京都的埼玉县，因为在家老是和父母吵架，去年就一个人来到东京，和也是单身一人在东京生活的高中同学住在一起。如果不看外表只听他电话里的声音,他是一个很优雅的人,一点不令人反感,他的语言很有吸引力。当时由美就有种被电了一下的感觉,啊,这个人这么好脾气啊,是个很善良且善解人意的人,不过外表确实容易让人误解。挂了电话以后,由美突然有种怜悯他的感觉,也隐隐觉得他还真有点小可爱,好像立刻就有了想和他见面的心情,这种心情是由美人生中第一次产生的,过去从来没有过。

由美小时候的梦想是做个时装设计师,为了实现这个梦想,她离开家乡新潟来到东京的一所职业学校求学。来东京之前没谈过恋爱,最多是上高中的时候,几个男女同学在游乐园一块结伴走走,看起来像是在幽会压马路的样子,其实那仅仅是一种形式而已,是对谈恋爱的一种模仿,高中的学生就喜欢三个一群五个一伙,男男女女地在一块走走,但从来没发展到男女朋友的关系。被男孩子真情告白的事情有过两次,也仅仅是那种很单纯的关系,由美对那两个男孩子根本不感兴趣,所以只是他们的一厢情愿而已。一个人在东京生活不免有些寂寞,后来她和一个叫孝弘的男孩黏上了。孝弘是个在校大学生,他的学校和由美的职业学校在一条路上,挨得不远,孝弘和由美同岁,是朋友介绍认识的,由美、孝弘、朋友和朋友的女友四个人经常开车出去玩,大家挺投缘的。孝弘的性格多少有些懦弱,但总起来说还算不错,由美觉得他为人挺善良的,也很厚道,觉得和他在一起挺开心的,这算是由美第一次交男朋友的经历吧。

暑期放假二人都各自回了自己的老家,一个月左右的时间没见面，孝弘的热情一下子就冷却了下来，回到东京后就打电话跟由美说以后不要再见面了，见面比较麻烦，也不太有心情，虽然暑假结束了，但事情很多，以后就不再联系了。自从打了这个电话以后两人就彻底断了联系。

"爱"不是廉价的赠予

第二天良树又来电话了，由美和良树在居酒屋为两人的再次相逢干杯，小酌几杯后，两人直接去宾馆开房住了一宿。这次良树在由美心中引起的感觉和第一次见他时完全不同了，当然乍一看起来还是挺可怕的样子，但由美觉得那不是他的真实面目，他确实是个脾气很好且容易受伤的人，由美甚至对良树已经有了很强的接纳感或者说亲近感，至少到现在为止，已经完全没有了原来的那种排斥和厌烦感。

由美就这样恋爱上了，虽然才只有短短的两次见面，因为喜欢所以在身体上也接纳了良树，这好像是顺理成章的事情，由美躺在良树的怀抱中，美美地享受着幸福。

到了早上，因为不想分别，两个人就一起去了由美的住所，在由美租住的房子里一下待了四天。后来良树干脆就从同学那里搬出来，住进了由美的房子，两个人就这么过起了像夫妻一样的生活。由美说他们就这样自然而然地在一起了，他们的事情也没有被双方的父母发现，大家什么怀疑和疑问也没有。对由美来说，这意味着第一次真正恋爱的开始，第一次和恋爱对象像夫妻一样生活在一起，过着童话般的幸福生活。良树更有种一步迈进天堂的感觉，每天都享受着由美烹制的美味佳肴，高兴地合不拢嘴，一个劲儿地说"好吃，太好吃了"。除了去学校上课之外，两个人整天就在房间里卿卿我我，不是看电视，就是看DVD，一直黏在一起，朋友的邀约也都推辞掉了，总之就是尽早回家享受两个人的快乐时光。

在一起的时候，由美总感觉良树有种怪怪的可怜样，在家也好，在外面也好，都像是有点问题，好像是很缺乏爱的那种感觉。良树的父母处于分居状态，他们好像都不太关心良树，由美总感觉良树非常渴望得到爱，所以就很投入很认真地爱他，良树也感受到平生第一次被如此温柔地对待，只有由美对他的付出是真心的，他深深明白。

在他们恋爱的蜜月期，一切都是玫瑰色，彼此都在相互迁就，为对方着想，只要有对方的陪伴，浑身就充满了幸福感。但是，蜜月期必定是要结束的，就在蜜月期临近结束的时候，两个人的关系遇到了很大的障碍，挡住了他们前行的路，如果要逾越这些障碍，解决的方法大致有三种，但是即便解决了以后，将来恐怕还会有更大的问题或分歧存在。

第一种：已经感觉不到心跳。对方也想放手了，即便是在那个极好的蜜月期，也可以带着些许的遗憾去找寻新的恋爱对象，这未必不是一个好办法。

第二种：沿着惯性交往下去，即便对对方已经没有太多的爱情，但有各种理由不想放弃，比如，找不到其他合适的对象；寻找新的对象会遇到很多的麻烦；放弃的话会有很多的纠纷，令人心烦，等等。这样的话，彼此或一方带着假面具，一直把爱情维系下去也不失为一种妥协的办法，而且这种恋爱在现实生活中比比皆是。

第三种：激情过后，慢慢坦率地接受平淡，运用各种小办法小技巧来调剂和保鲜爱的关系。再来一次又能怎样呢？即便也是一份不错的爱情，再来个七上八下的折腾，说不定还不如保持现在安乐的状态好呢，要是和不同的人交往一圈下来，到头来可能还是觉得这个人更有感觉，恐怕想继续这段爱情的想法会变得更强烈。到了这个阶段，恋爱关系会进入稳定期，没有了惰性，可以放心大胆地持续发展下去了，即便有些反反复复，一般来说问题也不大了。

但是，由美的恋爱进展得有点太快了，这样的恋爱速度很容易引发一些问题，带来一些极端的和意想不到的事情发生，也会很快就从天堂一下子跌落到地狱，到了无法接受的程度，有可能是一败涂地，无法收拾。

由美说，良树的任性是从同居两周之后开始的，比如，之前由美做的饭，良树一个劲地说好吃，而且确实是又高兴又享受，由美也是专门为良树调剂着做，专做良树爱吃的，后来逐渐变成了由美就应该做给他吃，伺候他成了由美的一项任务。再后来良树就开始说类似的话："怎么还没做好呢！怎么这么慢呢！快点行不行啊！"

不光是做饭，打扫卫生洗衣服全成了由美的事了。由美不好意思地说，就连做爱也得完全随着他的兴致，只要不配合，他就不高兴，即使由美没心情做这些事，他也绝不会照顾由美的感受。这些事情倒也无所谓,由美都可以忍受,令由美最难接受的是,良树慢慢快变成5岁的孩子了,动不动就去银行借钱,前几天去银行还贷,又做了一次借贷的约定。借钱不是不可以,关键借钱干嘛用呢?由美只要一问他,他就特别心烦,嫌由美多事。两个人同居在一起,房租和生活费全都是由美支付,她还得想办法勤工俭学,靠打零工挣点生活费补贴家用,良树常常死乞白赖地跟由美要零花钱,由美本来就不宽裕,现在连自己可支配的钱几乎都没有了。

如果由美有自己的想法,不愿遵从良树的意见,那良树的态度就会变得很差,甚至会严厉地指责由美,常用"我无所谓,我怎么着都可以!""你是真的爱我吗!要真的爱我的话……"等等这种话来刺激由美,假如由美没给他零用钱,他又会说:"连买点吃的东西的钱都没有,我是不是该饿死啊!"由美听了这些话感觉特别难受,会立刻拿出钱来给他。良树认为以前的由美非常好,什么事都不背着他,现在的感觉和过去大不相同了,满眼都是由美的缺点。

到底是被爱?还是被利用?

这种状态持续了大约两个月左右,由美实在无法忍受了,感觉自己快要崩溃了。朋友们也发现由美最近精神不佳,每天都郁郁寡欢的,整天在考虑怎么做才好呢?为什么会变成这个样子了呢?这种低落的心境一直持续着,要再不想办法的话,她真的要崩溃了。由美鼓足了勇气跟关系不错的朋友倾诉,把自己所有的委屈、隐私和不快都告诉了朋友。朋友听了之后感到很震惊，这类糗事她们过去只是听说过而已，没想到身边最好的朋友由美就处在这种痛苦之中，而且，由美把男友说得那么的老实忠厚，没想到是在欺骗大家。"这种男人就是人渣！马上把他甩了！"朋友们都怒了。

听了朋友的这些话，由美心里七上八下，也有点五味杂陈不知所措的感觉，真的应该离开他吗？想想他好的地方，由美觉得还是有些恋恋不舍。良树倒也不至于是那么坏的人，虽然他做的事情确实不怎么样，但一看到良树那种可怜巴巴的样子，由美又有些心软了。反过来站在良树的角度想想，他不也同样是很难受很倒霉的吗？没人懂他，有些话他也说不出来。但由美的朋友一致反对由美和良树继续交往，大家异口同声地说：必须离开他！

由美确实也受不了了，她想先结束这种同居关系。一天回家后，由美鼓足了勇气对良树说："为了咱俩都好，咱们还是暂时分开吧，不要住在一起了"，由美此话刚一出口，良树接着就是一句："出去！""那就拉倒吧！结束就是啦！"良树接着就翻脸了。由美一个劲儿地解释规劝，竭尽全力地说服良树，再三强调没别的意思，就是想让两个人都好，分开住或许是解决两个人现实矛盾的很好的办法；但良树却是一脸的冷酷无情，而且态度极端野蛮无理，由美的心再次被深深地刺痛了。

"好啊，我一门心思对你好，你就这样对我啊！就这样的我，你也想抛弃啊！"听了这话，由美难受极了，一股极端的坏情绪涌上了心头，她觉得是不是自己太不近人情了？她开始怀疑自己，并对自己有所怨恨和谴责，这个世界上还有比自己更不通情理的人吗！原来下定的决心顿时不知去了何处。由美连声说了几句，对不起，真的很抱歉，原本不是打算这样的。最后又一再请罪，认错，总之是两个人要好好地在一起和睦相处。那个晚上两个人又迎来了久违的和平，由美又看到了温存贤良的良树，这种感觉似乎是很早以前的事了。

一个委屈地总说对不起，一个坚定地表示从明天开始改变，还颇为动情地说：知我，懂我，疼我，爱我的非由美莫属啊！听到彼此的这些话，一切委屈不满都化为乌有，两个人又卿卿我我，和好如初了，感觉幸福的日子又回来了。

令人遗憾的是，良树的改变只保持了一周左右的时间，很快就又回到了从前，原来怎么任性，现在比原来还任性；原来是死乞白赖地要零钱，现在比原来更厉害，不是死乞白赖了，变成强夺硬抢了；原来就偶尔地晚归，现在是隔三岔五夜深不归；原来还打点零工，贴补一下家用，现在干脆一点活都不干了，这下可倒好，两个人好了不到一周，整个情况变得比原来更糟糕了。

还有更离谱的，良树竟然在外面有了其他的女友，回来还跟由美说，其实最喜欢的还是由美，在外面只不过是交个朋友，玩玩而已。现在良树是三天两头不回家，一个星期至少有两次夜不归宿，可以说回来的日子是越来越少。只要回来就死乞白赖地跟由美要零钱，还假惺惺地给由美个拥抱，别的就什么也没有了。由美现在很茫然，到底是希望他回来呢？还是害怕他回来？他们还算是恋人吗？良树到底是爱自己呢？还是在利用自己？他们是朋友们口中所说的那种"住伴"关系呢？还是恋人关系？由美彻底糊涂了。

原来自己不是打算要和良树结束关系吗？怎么现在又成了这个样子了呢？

现在两个人中间好像隔着一层不透明的玻璃，像是雾里看花，让由美的视线彻底模糊了。由美很沮丧，转眼一想干脆就这么模糊下去吧，如今看清了良树的真实面目，痛苦也得面对，也得正视现实吧。他回来也好，不回来也好，由美以后就什么也不说了，只挑点好听的话、家常话、重要的事情说说算了。由美怎么也搞不清楚良树是怎么想的，难道仅仅是在利用自己？那又何苦呢！自己一个既没钱又没势的单身女孩子，有什么好利用的呢？即便这样由美也认了，但借的钱是一定要还的！良树对这事只字不提。每每说起这事的时候，结果都是一样的，良树一个劲地说好话、说软话、道歉，发誓要改变，又是如何如何的爱由美，请求由美的原谅，说自己一定能够改变。其实由美也是一次一次地给他机会，自己也做了多次的努力，但每次的愿望都会落空，与其说还抱有一丝幻想，还不如说基本已经放弃了，确实还有一点点不舍和期盼，希望上帝保佑能改变现状，但遗憾的是，他每一次的承诺换来的只是一时的"转变"，由美也能感到一时的幸福，但很快就又恢复了原状，更令由美难以接受的是，这样的状态已经持续四个多月了。

恋爱依赖症患者之扭曲的爱

由美具有典型的"恋爱依赖症"症状,很多迹象在她的叙述中都表现出来了。在此以由美作为一个典型事例,来详细看看恋爱依赖症都有哪些典型的特征。

爱已经变成了痛苦

幸福是没有统一标准的,无论什么情况下,只要本人觉得幸福,那就是幸福,所以,我们不能一概地否定由美的恋爱及感受,把她的恋爱都说成是不幸的。但是,就由美现在的实际情况来看,无论她怎么调整和把握,因和良树的关系而导致她当下如此痛苦,这是事实,她自己也在一个劲儿地叫屈喊冤,睡眠质量也严重下降,灰色暗淡的心情越来越重,干什么都觉得无精打采,疲惫乏力,表现出了很典型的抑郁状态。确切地说造成由美这些痛苦感受的原因,正是她对良树爱的一步步减弱,这是由美真正痛苦的缘由,是由美内心无法释怀和面对的。

对于恋爱依赖症者来说,爱和毒品是同一类东西。这类"毒品"从一开始的时候会让人感觉心情很好,慢慢地"毒品"会侵蚀人的身心,一段时间以后,会对它由喜欢而变为

> 对于恋爱依赖症者来说,爱和毒品是同一类东西,一开始的时候会让人感觉心情很好,慢慢地会侵蚀人的身心,一段时间以后,会对它由喜欢而变为痛苦;但是如果离开这些"毒品"的话,那会更加的痛苦。

痛苦，但是如果离开这些"毒品"的话，那会更加的痛苦，所以，为了不让自己苦上加苦，只好频频向"毒品"靠近、伸手。

想摆脱又摆脱不了，深陷泥潭不能自拔

如果深入由美的内心，探究一下她深层的心理感受的话，她未必想和良树结束关系，实事求是地说，她的内心应该有两种声音，两个答案：一个是分，一个是合，既想摆脱，又想复合，是一种非常矛盾的心理。在日常生活中，当人们遇到应激事件或遭受打击的时候，心中往往会生出两种截然不同的情绪。比如，遇到一个令人讨厌的上司，你很想反抗他，很想发一顿牢骚或表达愤怒的情绪，但如果那样做的话，恐怕前途就受到影响，这是一辈子的大事，不能恣意妄为；所以，有时在酒席上会出现这样一种情况，一面被上司不中听的言语所激怒，一面还得赔着笑脸阿谀奉承，不敢有任何的过激言行，这种内心的矛盾与纠葛就是我们常说的"心理冲突"。在经历了"不知道该怎么办才好""想尽了一切办法也解决不了"等等烦恼、压抑的挣扎之后，这种"冲突"会使内心更加痛苦，有些人始终围绕着"到底该不该结婚？""是不是应该跳槽？"等等一些非常具体的问题犹豫不决，优柔寡断，就是在面对这些比较复杂的人生抉择的时候，频繁产生各种应激的心理冲突。

"冲突"的类型有三种：一种是当面对两个结果都令人满意的选择时，必须要选择其一，这就要接近"冲突"了，比如又想吃法式西餐，又想吃意大利面，两个都想吃；再比如喜欢的人有两个，这两个

人都想交往，都不舍得放弃，这种情况下"冲突"就要形成了。第二种是当面对两个都不满意的选项时，要选择其一，这种情况被称为回避"冲突"，比如你要上床休息了，父母说赶紧起来，要么洗洗衣服，要么打扫卫生，这时你要二选一的话，这两个你哪个都不感兴趣，选哪个都不会让你感到高兴或不舍，所以不会有什么"冲突"，而是远离和回避"冲突"。第三种类型是面对的选择既有好的一面（积极因素），又有不好的一面（消极因素），两个方面、两种因素同时具有，这时会出现接近"冲突"和回避"冲突"同时存在，不是有这么一句话吗，"越是恐怖的事，越有好奇心"，这就是一种"既想靠近，又不敢接近"的矛盾心理。

由美就陷入这种既想接近"冲突"，又想回避"冲突"，"既想靠近，又不敢接近"的漩涡里去了。她想从和良树的关系中解脱出来，但这种解脱给她带来的是痛苦，这对她来说是种消极因素，为了不让自己这么痛苦，她又不遗余力地抓住和良树仅存的丁点爱情，甚至极力去回忆和良树在一起的快乐时光，缠绵于这种纠葛之中不能自拔，心灵和身体近乎分裂。这时在她的心中有两个声音在打架，一个声音是：最好还是解脱出来吧，或者必须要解脱出来，或者赶紧结束关系！同时，另一种声音却在说：不能失去良树，人家对你多好，一定要保持住关系！这两种声音对由美的影响都非常大，令她处在非常痛苦的状态之中，说她深陷"泥潭"一点不过分。有"恋爱依赖症"的人是一定会陷入这种又想接近"冲突"、又要回避"冲突"的矛盾之中的。

扭曲的认知系统

关于由美的事情，大家除了对良树深感愤怒以外，对由美的做法不气愤的恐怕也没几个，大家会质疑怎么在这样的状态下还能保持沉默？还能忍得下去呢？怎么会有由美这么傻的人呢？也可能有的女性朋友会说，要是她遇上这种事，非得抽那小子两耳光不可，然后把他所有的东西都扔出去，让他滚得远远的。说实在话，一般人真理解不了这个世界上怎么会有人甘受如此虐待，这是绝对不可能接受的，殊不知，受到如此虐待的人还真不少。

良树对由美的行为是不折不扣的虐待，从精神到肉体，从身心到经济，可以说是全方位的虐待。而由美则是一味地甘愿受虐，从来就没想到过要逃避或者反抗，她认为这种日子总有一天会结束的，在心里一直认为良树是可以改变的，他们的关系也一定会有变好的那一天。这种事情对他人来讲肯定是无法想象和接受的，但对由美来说似乎是顺理成章的，她觉得只要自己付出努力就一定会有好的结果。

她的这些想法没有任何的根据，只是一种茫茫然的希望，就像孩子想出去玩的时候，往往会期望第二天一定是个好天气，理由就是我想去郊游。不同对象的"恋爱依赖症"会有不同的特点，但"甘愿受虐"和"期待变化"这两个特点是"恋爱依赖症"患者普遍存在的比较明显的共性特征，还有一个共同的特点就是"妄想"，所谓"妄想"就是和事实不符的错误信念，也就是非现实的想象，如果用专业的术语来表述的话，就是"认知系统的扭曲"。"认知"这个词大家应该不陌生，在心理学上，认知就是人对客观世界的认识、感觉、思考、记忆、总结和提炼，简单地说就是对客观事物的看法和思考问题的方式方法。

"恋爱依赖症"除了有妄想、非现实的思维和扭曲的认知这些特点之外，还有个特点是：一旦进入恋爱，就会不顾左右，不言其他，一头扎进恋爱里，

> "甘愿受虐"和"期待变化"是"恋爱依赖症"比较明显的共性特征，还有一个共同的特点，"妄想"——和事实不符的错误信念。

只"享受"恋爱带来的快乐，这是一种比较极端的恋爱状态。从由美的情况来看，无论从哪个角度来讲，由美都没有接受良树虐待的理由（哪怕良树对由美有那么一丁点可利用的价值，也算由美没白受其虐待），但问题是，在由美的脑子里，良树给她的绝不是虐待，即便我们看到有那么多的虐待事实就摆在由美眼前，但因为由美丝毫没有这方面的意识，根本想不到（也不承认）自己正在遭受良树的虐待，这就是认知系统的扭曲。因为缺乏有说服力的指导，由美对良树的行为也缺乏客观的认识（毕竟对方坚称是爱着她的），所以，由美一直认为良树是可以改变的，对此毫不怀疑。

如果把"恋爱依赖症"的认知系统扭曲做个形象化比喻的话，有点像"玫瑰色眼镜"，所谓"玫瑰色眼镜"，顾名思义首先它是玫瑰色的，看起来一定很好看，戴上它看到的外部世界都是美好的，非常吻合自己的想象，这种具有神奇功能的"眼镜"就叫"玫瑰色眼镜"。在日本这个阿凡达都能成为商品的地方，"恋爱依赖症"这类变异性的思维或行为能大行其道，也就没什么值得大惊小怪的了，只不过"恋爱依赖症"确实是一种非常极端和可怕的心理怪象，很多人就是

> 恋爱依赖症者不是在现实中处对象，而是在幻想抑或妄想中处对象，现实中相处的对象只是理想对象的替代品而已。

借用"玫瑰色眼镜"来麻痹自己，不让自己生活在现实当中（无论现实是多么的残酷），一旦哪天摘掉了"玫瑰色眼镜"，这些人会猝不及防，惊慌失措，甚至会心理坍塌，精神崩溃。

事实——恋爱依赖症者的解释

被打了——因为我的缘故，应该责备的是我。

发现对方见异思迁了——别看他见异思迁，其实他真正喜欢的人是我，倒不如说是因为我多事引起的争端。

发现他在撒谎——别看他老对我说谎，但他不会伤害我的。

没有感受到一点爱——他是个不会表达爱的人，其实他是爱着我的，一切都会慢慢好起来的。

不工作，债台高筑—为什么大家就没有发现他的才能呢？对于这么个有才能的人，机会一定会来的！他一定会成功的！

恋爱依赖症者不是在现实中处对象，而是在幻想抑或妄想中处对象，现实中相处的对象只是理想对象的替代品而已。无论事实如何，患恋爱依赖症的人只要遇到机会，妄想的恋爱就开始了，后面所有的一切几乎都是他们主观想象出来的。当然，无论什么样的恋爱，有些奢望也是避免不了的，如果没有最初的奢望，恐怕恋爱就无法开始了。但问题是，对照现实和事实进行一番修正之后，如果还依然保持着妄想的话，那就不正常了。再就是恋爱依赖症者对妄想的东西过于执着和投入，所有的现实和事实都被他们歪曲了。

恋爱过程是强迫性的

由美是个学生，一天在学校里大约要上六个小时的课，加上来回路上的时间和中间课休的时间，每天待在学校里差不多得八个小时以上，另外还得在学校里完成当天的作业，加班加点的时候很多。每周还有三天在居酒屋（小酒吧）里打零工，晚上都是坐最后一班电车回家，所以，由美几乎就没有多少时间待在家里。

另外，如前所述，良树回来的次数也少了，和良树实际见面的时间，一周里面加起来也超不过三四个小时。但是，无论由美的人在哪里，无论在干着什么，由美心里想的全是良树，即便不见面，脑海里浮现出的也都是和良树之间的事。是分手好呢？还是不分好呢？要分的话该怎么个分法呢？良树真的就没有改变的可能了吗？他到底是怎么想的？放弃了这次恋爱，下次什么时候才能再遇真爱呢？满脑子都是这些乱七八糟的想法。如果有其他事可做的话，还能转移一下注意力，比如上设计课的时候或和朋友一起玩的时候，由美都能有短暂的喘息和快乐。业余时间在居酒屋打工，虽然很辛苦，但也能少想那些事情。另外还有很多要学要做的事，但所有这些事只不过是生活

> 痴迷于一种无原则且变异的爱，甚至被这种爱夺去了理智，不仅无法管控好自己，连正常该做好的事也无心打理，几乎处于失控的状态，在心理学上这种状态就叫做"强迫症"（或强迫心境）。

> 即使想剔除也剔除不掉的特殊的记忆,叫做"强迫意念",怎么也控制不住的行为叫做"强迫行为";"恋爱依赖症"中的"爱"就是强迫行为中的一个突出的要点。

的一部分而已,已经不是中心了,真正的中心是和良树之间的关系。

和朋友一起吃饭的时候会聊起良树的话题,她会不由自主地感到紧张;在卡拉OK唱歌的时候也会想起良树的事,甚至打着零工的时候也在想:今天良树要来了,应该怎么安排,都做些什么,等等。由美的整个生活似乎都在围绕着良树这个中心旋转,尽管煞费苦心、穷尽所能地为良树着想,但良树未必领她的情,按照她的所想所愿去做,所以两个人在心理层面几乎失去了交集。由美痴迷于一种无原则且变异的爱,甚至被这种爱夺去了理智,不仅无法管控好自己,连正常该做好的事也无心打理,几乎处于失控的状态,在心理学上这种状态就叫做"强迫症"(或强迫心境)。

有这种症状的人有很多奇特的表现:比如脑子里明明知道其实自己肯定已经做了,但还是在想:门锁上了没有?电器开关关了没有?煤气阀门关上了吗?只要有一丝的疑虑和担心,也会特意再跑回家检查一遍,这种经验或体会,很多人应该有过吧。所谓"洁癖"也是同理,比如,手摸了公交车上的吊环把手,触碰了一下超市里摆放着的盒装牛奶,就会认为手上沾满了细菌,回到家拧开水龙头洗手,而且洗起来没完没了,几遍甚至几十遍地洗。另外,对于小时候的创伤,比如来自父母或老师的严厉训斥、重大的事故、身边比较亲近的人过世等等,对很多人来说都是难忘记的吧。这些即使想剔除也剔除不掉的特殊的记忆，叫做"强迫意念"，怎么也控制不住的行为叫做"强迫行为"。"恋爱依赖症"中的"爱"就是强迫行为中的一个突出的要点，这个要点的特征就是一天到晚 24 小时基本上都是奔着恋爱、浪漫情怀、性生活而去的，所有的行动几乎都围绕着这些事情，所有的一切几乎都是以这些内容为中心的。

像陀螺一样在原地画圈打转

由美和良树的行为就像在电脑上被编程了一样，相同的事情翻来覆去，可以用这样一种程序或模式来描述他们的恋爱：第一步，良树的行为对由美造成了很大的伤害；第二步，由美变得忍辱负重，而且心甘情愿；第三步，似乎两个人的关系面临解体；第四步，良树表示改过自新，哪怕只是一点点的改变，也会尽力挽救关系；第五步，过了两天相对太平的日子之后，良树又故态复萌，对由美继续进行伤害……这种模式一成不变，轮回不止。

诚然，常人的恋爱都有一定的特点和模式，比如喜欢什么样的人，以怎样的契机进入交往，以什么样的形式进行交往，在恋爱过程中持有什么样的交往规则，等等，这都是很正常的。但对于恋爱依赖症患者来说，他们的恋爱模式是非常固定的，让人看起来会有"怎么老是这样呢！""怎么总是在这些相同的问题上反反复复呢！"这样的感

> 恋爱依赖症者爱情生活的特点就是循环往复，像"莫比乌斯环"一样，既没有起点，也没有终点，就这么一直轮回着转，三转两转之后的结果往往是一败涂地，不可收拾。

触，令人大感不解，匪夷所思。但本人却一点都意识不到，始终沉浸在同样的赘事上，反反复复，没完没了。

恋爱依赖症者爱情生活的特点就是循环往复，如果真像画圆圈一样，慢慢螺旋着上升也好，最终状态好起来，彼此的爱一步一步加深，但遗憾的是恋爱依赖症者的爱情就像"莫比乌斯环"一样，既没有起点，也没有终点，就这么一直轮回着转，三转两转之后的结果往往是一败涂地，不可收拾。

和"外面的世界"战斗

所谓"外面的世界"就是由美和良树之外的世界，比如父母、兄弟姐妹、亲朋好友等等，对于由美良树来说，这都属于"外面的世界"。随着恋爱关系的进展，他们两个人形成了一个封闭的世界，和外面世界的分界线变得越来越清晰，越来越强固，形成了两个断然分开的世界。如果"内外"两个世界多少能有些通融，"分界线"会变得相对和缓些、模糊些，比如周围的人都公认他们是一对情侣的话，那他们的世界就会和外部的世界相对融合，就会弱化自己和外边世界的分界线，对外界的纷扰不会太在意；如果外部世界对他们不太认可，抑或存有异议的话，那"分界线"就会变得很清晰很强固，他们会拼命抵御外界的干扰，誓死捍卫自己的"内部世界"。

由美的情况也是一样，从朋友那里得到的评价是"良树这个人太差劲了"，"赶紧和他散伙吧"，朋友们对良树几乎没有好听的话。由美却极力地反驳，好像有某种欲望抑或动力在驱使着，让她不忍心放下和良树的感情。当然，朋友们肯定都是为了由美好，为由美着想才直言不讳，这一点由美也心知肚明，她甚至能感觉到自己确实有些过分，但鬼使神差地就是放不下和良树的感情，所以还是全力保护。

> 越是不被周围的人承认，当事者越是会觉得自己很有魅力，这是一种被孤立以后产生的特殊心理，他们会把和外部世界的"战斗"看成是自己的使命。

对恋爱依赖症者来说，多数人是不认可的，这一点毋庸置疑，大家都觉得尽早结束关系才是明智的。但是，越是不被周围的人承认，当事者越是会觉得自己很有魅力，这是一种被孤立以后产生的特殊心理，比如，大人对孩子说："除了这个玩具以外，其他无论哪个玩具都可以玩"，因为只禁止孩子玩这一个玩具，所以孩子对这个玩具的关注度陡然上升，它在孩子心里的魅力度也迅速提高。这就是被孤立的人或事物往往会令人产生一种鹤立鸡群、与众不同、高人一等、魅力无比的感觉的原因。

如此一来，恋爱依赖症者和外界的隔阂越来越深，构筑的壁垒越来越高，逐渐把自己那侧的"壁垒"关闭起来，连朋友也开始疏远，或者最多和外人聊聊无关紧要的话题，绝不会涉及恋爱的内容，把痛苦的一面紧紧裹藏起来，只讲积极的一面，带着假面具跟外人接触，这就是恋爱依赖症者的特点，他们会把和外部世界的"战斗"看成是自己的使命。

恋爱依赖症的四种类型

恋爱依赖症这个词源自 1975 年斯坦顿·皮尔和阿奇·弗朗特斯科联合出版的著作《爱和瘾》，他们认为恋爱依赖症是恋爱类型中的一种，非常特殊且后果严重，这种对爱的偏执性依赖比使用药物的依赖都厉害，危害很大。但对于"恋爱依赖症"的定义及其具体表述，目前还没有一个系统、明确、统一的说法。欧米在《爱上瘾》一书中也对恋爱依赖症做了大量的描述，被后来的很多学术著作和杂志广泛引用。大家对酒精依赖症、药物依赖症等等都有所耳闻，而且这些依赖症都有明确的诊断标准，恋爱依赖症则不同，它有点像购物依赖症，是最近几年才被大家逐渐理解和认识的一种新的心理疾病，不像酒精、药物等依赖症，能很明显地识别和判断出来。恋爱依赖症是靠身心体验和感受来判断的，这是和其他依赖症最大的不同，也是最难把握的地方。因为缺乏明确的诊断标准，现在对这种依赖症的描述还处在大量的案例揭示阶段，还不能给出确切的定义和解释。

> 本书把恋爱依赖症分成依赖、回避依赖、情感依赖、性依赖四个部分。无论具备何种特征，就其心理和行为层面来讲，"痴迷且疯狂的爱"是它的共同特点。

依赖症分为 1. 物质依赖症（Substance Addiction），包括对酒精、药品、食物等等（物质）的依赖；2. 行为过程依赖症（Process Addiction），包括赌博、购物等等特定的行为及其过程的依赖；3. 关系依赖症（Relationship Addiction），即人际关系依赖。"恋爱依赖症"应该属于第三种，但也有不少专家学者对此持不同看法。

　　本书把"恋爱依赖症"分成依赖、回避依赖、情感依赖、性依赖四个部分，这四个部分归纳在一起，就构成了"恋爱依赖症"。作为这个题目的研究者可以站在相同的立场上，也可以站在不同的角度，也就是说对这个问题的研究不一定非要在一致意见的基础上进行。另外，到目前为止我们所见过的所有的恋爱依赖症案例，基本上都包含这四个特点，也许还会有其他不一样的特点，但无论具备何种特征，就其心理和行为层面来讲，"痴迷且疯狂的爱"是"恋爱依赖症"的共同特点。

依赖症就是痴迷于某些东西

　　说到各种各样的"依赖症"，我们一直在用"痴迷"这个词来描述它，"依赖症"到底都是对哪些东西痴迷呢？如果突然问你，在生活中有没有让你痴迷的东西？你恐怕首先想到的是酒精依赖或药物依赖这些比较熟悉的现象，也知道越是依赖这些东西，后果越是严重，下场越是可悲，所以，人们一听"依赖"这个词就会毛骨悚然，觉得它不是个什么好词，或许会很不耐烦地回答："我可没这个毛病，我对什么东西都没有依赖。"但真的是这样吗？你真的没有依赖的东西？在生活中就没有你觉得离不开的东西？或者某种东西或事物让你觉得因它而增添了很多快乐，以至于把这些东西或事物看成是你人生追求的目标？说到这里大家可能就不那么紧张了，或许会觉得"依赖"这个词也没那么可怕。

我经常问大家这样的问题，得到的回答是千姿百态，各式各样，下面列举一部分有代表性的依赖对象：家人、女儿、儿子、恋人、金钱、酒、性、工作、音乐、吃东西、赛马、晋升、足球、棒球、时尚、书、游戏、恋爱、照相机、学问、电玩赌博机、舞蹈、狗、猫、钓鱼、健康、电脑、美容、养花、想出名，等等。其实还有很多很多，有些是相当极端的，甚至是很不健康的，就不一一赘述了。

其实，我们每个人的生活中都存在着"没有是不可以"的东西，当然，不仅是指食物这种纯生理意义上的"必需"，主要还是指心理方面的依赖。心理学家马斯洛在他的《需求层次论》里指出：人的需求是分层次的，在满足了低级的需求以后，会逐级往高层的需求发展。人最初最低级的需求是生理的需求，然后是安全（人身安全保障）的需求，满足了这两个最基本的生物层面的需求以后，人会有融入社会、融入集体的愿望和要求（归属感及对爱和被爱的向往），接下来是希望得到他人的认可和得到他人高度评价与尊重的要求（被承认和自尊感的需求），再往后是实现个人理想、充分发挥个人的能力、实现自我价值的需求（自我实现欲求），这是人类需求的基本规律，人人如此。仅从动物生存的角度来说，食物和安全的需求当然是最基本、最重要的，但人类仅靠这些基本层面的需求是不可能发展下去的，也就是说人不能只停留在"活着"的状态，而是应该追求"充实地活着"的状态，因此，人是需要最低生存限度以外的东西的，这些最低限度以外的东西能够让人感受到生存的美妙和价值，最终会成为人类生存和发展的动力；谁都离不开这些"动力"，也正是因为拥有和依赖这些"动力",人活得才有意义,才会感到幸福快乐。问题的关键在于依赖的东西到底是什么?依赖到什么程度?如果"依赖的东西"失去了(没有得到、没有实现、没有做到的时候),人的身体和精神有没有能力来承受这种"失去",这是鉴别"依赖"是否"出格"的标志。对依赖症而言,有些依赖的对象是不被社会所认可的,有的依赖会影响人的健康,侵蚀人的精神,影响社会生活,这种依赖会让人的生存力下降,会对人造成伤害。"依赖什么"和"陷入依赖"有着本质的区别,每天晚上小饮一杯是件很快乐的事,一杯小酒下肚,一天的疲劳荡然无存了,还会给第二天的工作增添不少的活力。如果晚上没喝上这盅小酒,好像一天的快乐就被剥夺了,有种被累垮的感觉,这算得上是对酒的依赖,但还不算是依赖症。还有一种情况,在没有酒的时候,抓耳挠腮,坐立不安,或只要考虑点事情就得喝酒,尽管身心疲惫憔悴不堪,但也离不开酒,这就患上依赖症了[1]。

除了酒精依赖症以外,其他诸如药物、赌博、购物、工作、网络

> 我们每个人的生活中都存在着"没有是不可以"的东西,关键在于依赖的东西到底是什么?依赖到什么程度?如果"依赖的东西"失去了,身体和精神有没有能力来承受这种"失去",这是鉴别"依赖"是否"出格"的标志。

---

[1] 一旦依赖上某种东西,根本无法挣脱,几乎到了整个精神甚至连身体都无法摆脱的状态,专业性的说法是成瘾(Addiction),也叫瘾癖。为了让读者更方便易懂,本书使用了"依赖症"这个说法,和"瘾癖"是一个概念。还有的人使用"中毒"这个词来描述这类关系,也是可以的,恋爱依赖症=恋爱中毒,性依赖症=性中毒,应该说"瘾癖"这个概念更加准确,而且使用得也比较广泛,成瘾的症状从轻到重都可以称为"瘾癖",相比之下,"依赖症"指的是比较重的状态。"中毒"往往和本人的意志没有多大关系,只一次性的摄取也会有"中毒"的症状出现,比如"急性酒精中毒"可能是一次性饮酒过量导致的酒精中毒现象,和"酒精依赖症"是有区别的,酒精依赖症是本人对酒精的高强度的精神依赖,是一种反复摄取、不能自拔的状态。

等等各式各样的依赖症，在我们的日常生活或在我们周围是普遍存在的，抑或说我们每个人或多或少对这些依赖都会有所涉及，但绝大多数不是依赖症。只有酗酒、赌博、购物、工作成瘾，把这些事情当成了生活的全部或是中心，到了痴迷的状态，才是依赖症。

恋爱依赖症和上述依赖症基本上一样，只不过恋爱依赖症的依赖对象是与爱有关的东西，比如爱情、罗曼蒂克的情事、恋人、性等等，对于恋爱依赖症所依赖的爱来说，可能话很不好听，其实就相当于毒品依赖症所依赖的毒品。众所周知，毒品这个东西是触犯法律的，持有的话就会被逮捕。爱就不同了，爱是在社会和文化层面上裹了一层细腻甘甜的糖汁，非常的好听、好看、好说；即便爱的结果会令自己非常的痛苦，但要想放下这份苦涩的爱，自己就无法接受和生存下去的话，那这种状态和其他的依赖症就没什么区别了，爱就成了一种名义，也就成了毒品，是一种非常可怕的力量。

各种各样的误解

本章的最后，我要简要地概括一下有关恋爱依赖症常被误解的事情。在以恋爱依赖症为主题做的演讲或研讨过程中，我经常会遇到一些人提问，结合大家的提问及我的一些观点，最后总结出几个要点：

恋爱依赖症重"数量"不重"质量"

单从"恋爱依赖症"这个词就不难看出"恋爱着的人"是真在

恋爱还是在利用恋爱。"恋爱依赖症"的人多是些多情且游手好闲的人，花心和多角恋是他们的家常便饭，有的能同时交往几个甚至是几十个"恋人"，这种人在现实生活中并不少见。既然对其冠以"游手好闲"的称谓，那绝对算不上是"高大上"的形象吧，他们打着一幅交往的幌子，去捕获一个又一个的"恋爱猎物"，恰恰是一些追求虚荣甚至也是游手好闲的类型的女性最容易就被他们吸引住，结果是被玩弄、被抛弃，然后他们再继续寻找下一个"猎物"。人们会说这种事情太龌龊，太不光彩了，没错，他们的共同之处就在于只追求"数量"而不重视"质量"。

再打个比喻，酒精依赖症就是天天离不开喝酒，购物依赖症就是天天都得买东西，每天在他们的脑海里浮现出的都是同一件事情，用依赖症的"术语"说就是"频繁""数量无限"和"无止境"，所以不管恋爱依赖症呈现出的是何种形式，它给我们最突出最明显的印象就是恋爱的对象一个接一个地更换，乐此不疲，永无止境。

所以，"数量之多"是恋爱依赖症的突出特点，当然也不全都是这样，但我们不得不从"恋爱"数量的多少来佐证恋爱依赖症的性质（比如性依赖），完全与恋爱数量没有关系的恋爱依赖症也是存在的（比如人际关系依赖），即使是一次恋爱经历都没有过的人，仅一次恋爱就陷入恋爱依赖症，这种情况也是有的，由美就是一个很好的例证，她的恋爱经历加上良树才只有两次，但是，这第二次的恋爱就显示出了不折不扣的依赖症的特征了。

恋爱依赖症很特殊吗?

很多人都很关心恋爱依赖症这种事,大家会发出种种疑问:怎么会有这样的人呢?不太相信啊!"恋爱依赖症"这个词听起来虽然不好听,但大家对它确实有种神秘感,其实这是一个陷阱;如果把它称为毒品的话,人们会很自然地拒绝它,但是是以"爱"的名义呈现出来的"依赖症"的话,被它吸引是很正常的事情。"爱"本是一件很美妙的事情,应该很自然很巧妙地在我们的身心中培育形成,现在反倒成了有毒的东西,在这一点上,特别对于那些恋爱至上主义者来说,是绝对不会接受的。其实,我们任何人,无论什么时候,无论在哪里,无论和什么样的恋人相处,都极有可能陷入简单的恋爱依赖症的危险之中,所以,还不能把恋爱依赖症看作是一部分很特殊的人的很特殊的病,当然,还是小心一点为好,最好别掉进这个陷阱里,里面暗藏着很多的危险。接下来考考大家,看看下面的问题,你的回答全都是"NO"吗?

☐ 我想如果没有他(她),我可能什么都做不了。

☐ 我想如果没有他(她),我就活不下去。

☐ 因为过于寂寞,只能和不太喜欢的异性约会,挺无奈但又没有办法,只能保持这样一种关系。

☐ 我想用我的力量来改变他(她)。

☐ 虽然很多朋友说"还是分手好",但怎么也分不了。

☐ 如果得不到他(她)的爱的话,我就想做点狠事(或是实际做出的只是一种威胁）。

☐朋友说"你交往的这个人很过分啊！"，但我却很不愿意被人这么说，只要涉及他（她）的话题我就拼命地想躲开，或者拼命地想为他（她）辩解。

> 其实，任何人，无论什么时候，无论在哪里，无论和什么样的恋人相处，都极有可能陷入简单的恋爱依赖症的危险之中。

☐只有在做爱的瞬间才能感受到爱的涌动。

☐自己在追对方的时候感觉很好，但追到手以后却感觉对方没有一点魅力。

☐转眼间就陷入了恋爱，一转眼又陷入了冷却。

☐特定的人或者谁都可以说爱我，这会让我有种非常惬意的感觉，以至于陶醉其中，失去自我。

☐分也好，不分也好，最多也就三个月的忧虑不安。

☐自己竭尽全力去爱，却得不到对方给自己同样的爱。

☐我坚信有一个能够改变自己人生的人，总有一天那个人一定会出现。

☐不管和谁恋爱，那就是生活的一切，其他的事怎么着都行。

☐只要我自己忍耐，爱一定会顺利的。

☐越爱越深，同时怨恨也会变大。

☐吵架—做爱—和好，我们的关系多是这种模式。

☐自己被谁需要的话，会感到生存的价值和意义。

☐做爱之后会有很多的烦恼甚至罪恶感。

☐自己有很多的缺点，和他（她）在一起的时候就统统忘了。

□ 做爱之后会突然对对方的存在感到厌烦。
□ 没有尝试过超过三个月以上的恋爱。
□ 为什么自己会这么辛苦呢？生活中有太多令自己不满意的事情。

　　以上列举了一些陷入恋爱依赖症的典型特征，如果具备了五条以上特征的话，恋爱依赖症的倾向就很明显了（或具有恋爱依赖症的较大潜在危险），如果是三条以上的话，是稍微有那么一点恋爱依赖症的倾向性。当然，这只是粗略的说法，一般情况下还要看当事人在恋爱和性方面所表现出来的具体特征，尤其是程度上的差异。虽然这些问题的设置对大多数人来讲是比较适用的，但在进行详细的分析解释之前，最好还是回过头来再把自己的恋爱和性行为逐条进行比对，肯定不会所有的问题都是 NO 吧？但你也没必要担心自己有陷入恋爱依赖症的危险，说实在话，恋爱依赖症是我们每个人都有可能患上的极为常见的病。[1]

恋爱依赖症没什么了不起？

　　酒精依赖症和药物依赖症等易导致依赖者健康受损甚至死亡，购物依赖症和赌博依赖症等易导致依赖者经济状况恶化甚至破产，依赖症本人对给自己和周围的人带来的巨大伤害是不以为然的，而恋爱依赖症有些许的不同，患者本人对这些伤害性的事情还是能意

---

[1] 被人贴上有病的标签总是让人感觉有些不舒服。

识到的。虽说也是一种依赖症，但是因为有"爱"这个好听的字眼萦绕着，给人一种浪漫且有魅力的错觉。如果把正在经受酒精依赖症痛苦折磨的人和正在经受恋爱依赖症痛苦折磨的人做个比较的话，人们无疑会同情后者，原因就是，恋爱依赖症者主诉的感受也好，被描述的情况来看也好，跟其他依赖症相比，严重程度还是有很大差别的。最近，杂志报纸等也开始刊登有关"恋爱依赖症"方面的文章，还有人主动声称自己就是个恋爱依赖症者，这不排除背后隐藏着的实际上是一种自恋心理，说不定就是"多角恋"或"游手好闲玩世不恭"的代言人。看来当下已经是"恋爱依赖症"的语言被广泛使用的时代了。

话又说回来了，实际上恋爱依赖症是非常严重的问题，首先是"乖戾和瘾癖"[1]的问题。有恋爱依赖症的人往往也会有酒精依赖、赌博依赖、饮食依赖等等其他依赖症的症状，这种情况比较常见，原因有很多很多，比如，为了从爱的痛苦中逃脱而沉浸于酒和毒品当中，这种情况是不难想象的。相反，很容易地陷入其他依赖症的人也很容易患上恋爱依赖症，之所以陷入其他依赖症也可以说是因为很容易地就陷入了恋爱依赖症，它们之间是一种一脉相承的关系。

其次，恋爱依赖症可以说是一种变态的人际关系，容易陷入恋爱依赖症的人，不仅恋爱关系一塌糊涂，其他人际关系也会搞得非常糟糕或紧张，与他人保持适当的距离对这些人来说是一件很难的事。比

---

[1]"乖戾和瘾癖"是在指一段时间里有明显的偏离正常的行为，不是依赖这个，就是依赖那个，上瘾成性，依赖成瘾，比如，酒精依赖稍微好点了，又对其他食物产生依赖了。

如,与他人搞好关系总是显得非常吃力,即便是求人帮忙,总也说不出合理的理由,反倒很容易因为遇到波折就引发对对方的怒气和不满,所以,长期持续地与他人保持良好顺畅的关系,对患恋爱依赖症的人来说是件很难的事。家庭、朋友、工作等我们生活的大部分是因人际关系而建立起来的,在人际关系的整体方面,这些人显得捉襟见肘、步履艰难,甚至感觉活下去都是一件非常痛苦的事。

再次,对方的因素,有很多陷入恋爱依赖症的人,恋人或配偶不管给自己多大的精神打击,也不肯独自离开,对方或是使用语言暴力,或是见异思迁,不仅对自己没有一点明确的爱,而且还给自己带来了巨大的精神伤害,甚至对身体的摧残都是十分严重的,还有经济上的榨取(自己的钱被任意使用,对方却不负担一点自己的债务)。受虐待的一方以女性居多,这种现象被称为"受虐妇女综合征"(Battered Woman Syndrome),她们遭受着严重的暴力,但不做出任何的反应,有的甚至到了接近死亡的边缘,好不容易才逃脱出来,但过不了多久,自己又会主动跑回去。

另外,为了"恋人"能做出连自己身体都不顾的事情(严酷的体力劳动或有伤社会风化的事情),随着恋爱关系的开始,也会给自己的其他人际关系、经济关系、工作关系、社会关系等等带来各种各样的影响(比如,同时和几个人交往或陷入不伦之恋等)。再有性依

> 恋爱依赖症可以说是一种变态的人际关系,陷入恋爱依赖症的人,不仅恋爱关系一塌糊涂,其他人际关系也会搞得非常糟糕或紧张,与他人保持适当的距离对这些人来说是一件很难的事。

赖的话还会大大增加得性病的危险。总起来说，恋爱依赖症和其他的依赖症一样，会给人的身体、社会和经济各个方面造成各种各样的伤害，所以，无论从哪个角度来说都不能亵渎"恋爱"这一既圣洁无瑕又魅力无限的字眼和概念。

第二章

相互依赖

——被痛苦的爱所羁绊的人

走不出"小白脸"情结

【例2】

博子（33岁，公司职员）

博子是典型的职业女性，在一家企业担任宣传科长，工作上堪称完美，唯独恋爱方面十分不顺。从旁人角度来看，她那么优秀的一个女性为什么总和那种类型的男人交往呢？而且这种恋爱不断地重复着，大家百思不得其解。现在的恋人和她同岁，博子只要是听从这个男人的话，他就会给博子非常殷勤的感受，就像博子特别喜欢的一种画中的人物一样，令博子魂牵梦绕。其实，这个男人喜欢酗酒和赌博，无论做什么工作都不长久，现在是失业状态（确切地说是什么都干不来），经济上全靠博子，虽然"浪漫"的一对小情侣同居在一起，其实日子过得一点都不轻松，甚至有些紧张拮据。他一点积蓄都没有，按说他应该从博子这里搬出去，一个大男人让女人养着，怎么都说不过去吧，但实际情况就是这样。更令人气愤的是，他还把博子仅有的一点零花钱全都拿走，用于喝酒和赌博，这就是他们每天过的日子。

博子为什么会和这种男人在一起呢？

话还得从头说起，当初他们相识的时候还真不是这个样子。

博子喜欢喝点小酒，经常一个人去酒吧喝上两杯，在酒吧邂逅了这个男人。他主动跟博子打招呼，一开始他看上去显得有些吊儿郎当，漫不经心，但却长着一副商人模样，一身的时尚打扮。聊起来感觉还没那么肤浅，说话低声细语的。就在那天晚上，他们发生了关系。每次两个人在一起的时候，博子都会被他的温存所吸引，博子意识到自己已经爱上他，离不开他了。

遗憾的是，这个男人所戴的假面具很快就脱落了。一开始他说是做设计的，结果是个谎言（几年前他确实在设计事务所干过短暂的临时工）。近期又开始要有什么庞大的商业计划，一面在筹集资金，一面在寻找优秀的商业伙伴，一面在学习经营方面的知识，想在一夜之间变成一个成功、卓越的商人，问题是这一切只不过是他的一枕黄粱美梦而已。

对于博子来说，不管他怎样都是好的，因为他的这些乱七八糟的事情没有最终影响到博子对他的爱，博子依然沉浸在他表面"温柔"的陷阱里；但在发现他确实很散漫且依赖心很强的时候，博子开始产生不适的感觉了。他在博子面前一直表现得有点小孩子脾气，偶尔还会撒撒娇，博子不认为这有什么问题，反倒觉得可以接受，甚至还挺喜欢他这些"小脾气"，现在看来，他的这些毛病都与博子无原则的容忍和接纳有关。

但是，无论来自外界还是自己的内心，如果有"还是跟他尽早地结束吧"这种声音的话，博子是无论如何也不能接受的。虽然他不工作，整天就知道瞎晃悠，张口闭口全是大话，常把自己说成是无所不能、以一当十、有"一夫当关万夫莫开"之本事的人，要做就做世界性的大贸易，小生意不值得他去做。他身上的这些问题，博子也知道，但即便面对这么一个好高骛远、眼高手低、无所事事的人，博子也不想放手，为什么呢？说出原因大家可能会觉得可笑，就是因为他身上偶尔有那么一点小温柔，这点小温柔对博子来说是极具吸引力的，非常的难能可贵，是其他任何东西都无法替代的，仅凭这一点，对博子来讲就可以弥补他一切的不足。

虽说是这样，就这么继续下去也很痛苦，朋友们说博子要是养个宠物的话也行，但他是个人啊，只是把自己打扮得挺帅而已，除了耍酷就没别的。博子的心情确实很复杂，一方面在心里确实爱着他，真心放不下他，但要是这样继续下去呢，内心又很痛苦，所以，博子的心里总有一种期待，觉得迟早会出现什么契机，让他能有所改变。这种内心的纠结像是一种瘟疫，在一点一滴地吞噬着她的能量，虽然是缓慢的，但确实是在不停地剥夺着她的一切。

这样的恋爱对博子来说也是第一次，这种恋爱相当于博子养了一个专供给自己撒娇的"小白脸",但结果并不只是给自己撒撒娇这么简单,而是变成了一种拖累。后来博子深感疲惫了,解除了与他的关系,但下一个目标还是锁定在这类男性身上。反反复复,都是一个类型。年纪轻轻的时候,博子就喜欢与这类娇滴滴的"小白脸"交往,随着年龄的增长和经济地位的提高,她虽然不那么小清新、小孩子气了,但找男友却始终离不开这种类型,这样的"小白脸"她一共交往了三个。

即使被暴力伤害也不言放弃

【例3】

百合(22岁,大学生)

百合又在网上找了一家新的医院,每次去医院的时候都得绞尽脑汁,编造一些谎言来伪造自己的"病情",为此她感到身心憔悴、疲惫不堪。因为常常遭到恋人的暴力伤害,身上经常是青一块紫一块,四肢红肿,伤痕累累,她常暗自垂泪,还不如被打死算了,反倒会轻松些。两年前百合认识了现在的男友,他的脾气非常暴躁,经常因为一点点小事就大发雷霆,一旦发火就控制不住自己,对百合非打即骂,拳打脚踢,有时事情根本与百合没半点关系,他火气一上来,百合这顿皮肉之苦就在所难免了。

因为他下手很重,每次都会在百合身上留下很重的印记,有一次把肋骨打裂了缝,必须要去医院,想瞒都瞒不住。到了医院里还不能说是被他打的,还要编造出听上去合情合理的谎言(比如说是玩拳击运动被击打的这类谎言),如果又发生几次的话,这类谎言也会被识破,所以只能不断地更换医院。

  百合和他是同一所大学里的同级生,是通过文学社相识的。百合只在社团里待了一年就退出了,以后和社团里的几个朋友一直保持着交往,其中一个就是他。他们两个都是从老家出来一个人在这边生活,没事通个电话或见个面是很自然的事。他不仅是社团的成员,还是文学系的优等生,个子高挑,长着一副憨厚老实的模样,谁也想不到他会有暴力倾向。平时他为人处事非常谦卑和气,虽然沉默寡言,但方方面面都很注意自己的形象,很在意自己的一言一行,和他初次相识的人一定会说他是个好人。借用《化身博士》的主人公吉基尔和海德(Jekyll and Hyde)[1]的故事,人总会有善与恶的两面性,一旦发生善恶骤变的时候,向恶的一面是极其丑陋且恐怖的,而且一旦暴露就不可收拾。百合在面对男友暴力侵害的时候,也是经历了其由善到恶的骤变。但令绝大多数人不解的是,她在面对这一切的时候却是听之任之甘受其辱

---

[1] 吉基尔和海德(Jekyll and Hyde)是英国著名科幻小说《化身博士》的主人公。吉基尔和海德实际上是同一个人的两面。《化身博士》讲述的是一向受人尊敬的医生吉基尔为了探索人内心善与恶两种不同倾向,服下了他自己发明的一种药物。这样,他便创造了一个名为海德的化身,并将自己内心的全部恶念都"分"给了海德。不料这化身竟干出了骇人听闻的杀人勾当。后来因为药物失控,海德更是恣意妄为、难以左右。吉基尔心力交瘁,失去了心灵的平衡,最后只得以自杀了结。这个离奇的故事探讨了善念与恶念在人的内心相互搏斗的哲理性问题。作者借小说主人公之口作了这样的表述:有些人是自相矛盾的,有一种原始的两面性。吉基尔认为在他的意识里就有这两种本性在斗争,因为他不是伪君子,所以他的两个面向都极其真诚,善的一面努力钻研学问为他人减轻痛苦,恶的一面却在甩开一切束缚,一头扎进邪恶里作恶多端,这两重面向都不是做假。

的样子。百合说在那一刻她只盼望着他的怒气能尽快地平息,然后一切的不幸就过去了。

她为什么不反抗不挣脱,甘愿受虐呢?她的回答同样会令大多数人匪夷所思,她说自己也不知道为什么,在遭受暴力伤害的时候什么也没想,也没想过要逃脱,更别说是反抗了。知情人会非常心痛地劝她离开那个男人,一个好端端的姑娘干嘛非要遭受这种惨无人道的暴力侵害呢!非得在他这一棵树上吊死吗?真是岂有此理!但她却做不到,她离不开这个男人。在又一次被殴打了之后,百合最要好的朋友有事来找她,发现她脸上身上到处是伤,在朋友的再三逼问下,百合说出了真相。这个朋友是百合在文学社团认识的一个女孩,和她男友也很熟悉,怎么也想不到百合会遭到他如此残暴的对待,随即叫来了几个好友,把他围在中间,一顿猛烈的谴责。他最终承认了事实,并认错道歉,但大家还是逼着他和百合分开,绝不能再让百合受到他的侮辱和伤害。

然而,两个人分了也就一个月左右的时间,不打电话不联系。后来两个人在校园里又不期而遇,接着就一起去了居酒屋,结果可想而知,一切努力都付之东流,前功尽弃。两个人和好没关系,暴力问题应该彻底解决了吧,但事与愿违,他的暴力倾向非但没有改变,反倒变本加厉了,比原来有过之而无不及。朋友们看到他们这种情况,对他俩也彻底死心了,谁也不想再管他们的闲事,随后大家变得疏远了。

不幸的女性想要幸福

【例4】

健一（28岁，公司职员）

在银行工作的健一经常煞有介事地说，他可以给别人做心理咨询，他有这个愿望，也有这个能力，他能让不幸的女人变得幸福，也愿为此付出不懈的努力，如果能成功的话，他觉得是一件非常幸福快乐的事。他的恋爱也想采用这种模式，即以拯救女性的方式爱对方，结果却屡遭失败，常常被人利用，有的只是离开了原来正在交往着的男人，短时来到他的身边寻求"帮助"而已。

大约一年前，他和一个俱乐部负责前台接待的女孩相识了，他非常喜欢这个女孩的外表和气质，经常去这个俱乐部，一来二去便熟络了起来。后来听说了她的不幸身世，他想拯救对方，给女孩幸福，一种想要帮她脱离苦海的使命感油然而生。这个女孩隐瞒了自己的真实年龄，其实她比健一还大一岁，而且离过婚，前夫有固定的工作，由于沉溺于玩老虎机，输了不少钱，她替前夫还了大约三百万日元的欠款。

健一觉得自己有办法解决她的这些问题，不仅在金钱方面，主要是心灵方面，他觉得能给她巨大的帮助，当然自己也会因此获得一种满足感、成就感，健一的热情顿时高涨起来。

刚开始的时候她也很高兴，在精神和经济方面得到了健一无微不至的关怀和帮助，对健一非常的感激，评价他是自己人生中邂逅的最温柔的男人，拿前夫和健一相比，原来的老公简直就是个人渣。她还一再强调只要健一在，她的心就会被融化、被感动、被治愈。健一听了这话比什么都高兴，无论付出多大的精力和金钱都在所不辞，有这句话就足够了。但时间久了，健一竭尽全力给予她的一切都成了理所当然，对方感激之情渐趋淡薄，嘴里再也不说感激之类的话了，取而代之的成了"你应该这样""你最好是那样"等等。再往后交往越来越平淡，甚至连电话也打不通了，想和她见个面，她会以忙为借口加以拒绝。如果哪一天她主动给健一发微信说想见一面，那一定是又有要事相求了。

健一也意识到了这些问题，但他依然在期盼她应该会变好的吧。

健一这次找的这个女孩依然是个"可怜"型的，之后便是掏心掏肺地对女孩好。一开始对方非常感激他，得到人家对自己的那种感激，健一就心满意足了。但不知道为什么，女孩逐渐变得不那么热情了，老躲着他。终于有一天，她说出了"对不起，健一太好了，只能说我没这个福气，对我来说真的是太可惜了"这样的话。健一一头的雾水，不知道为什么会是这个结果，他不觉得自己是被这个女人利用了，也没有因为她的无情离开而恨她。

健一在上大学的时候，和低年级的女孩子也有过类似的交往，因为失恋闹到差点自杀的程度。踏入社会后，又遇到过几个在不和睦家庭环境中成长起来的女孩，她们都因为不适应新的工作环境变得非常焦虑，仅仅在他们银行新入职的员工当中，就有两三个这样的女孩。当然，像这次在经济上把自己耗了个一千二净还是第一次，但类似的事情在他身上已经是第四次了。

　　一次次地遭到背叛之后，健一的心情糟透了，他认为女性都是靠不住的，即便有了这种认识，他也清楚这种事情还会不断地重复发生。这次又是这种情况，钱是小事，最令他痛心的是好不容易把她从"不幸的沼泽"中救了出来，她从心底里是非常感激自己的，结果又前功尽弃了，又回到"沼泽"中去了，哎！真是没办法！

只是本人没有发现

　　看到这个例子，想必谁也不会认为还有下一次吧。为什么会和这么不像话的人交往呢？为什么到了这种程度还不赶紧分开呢？明明受到了那么严重的伤害，为什么下一次还是会重蹈覆辙，还会选择这类人谈恋爱呢？

　　"不像话"也好，"恶劣"也好，都是主观感受问题，外界不好给予客观的评价。他的恋爱经历在外人看来或许不可思议，但这种形式的恋爱确确实实是客观存在的，不以任何人的意志为转移。对健一来说，他自己有这种恋爱倾向，有时他自己能意识到（因为自己就喜欢这种恋爱模式，所以多少能意识到一点），也有完全意识不到的时候，还有的时候会认为这次是运气不好，下次一定会遇到一个认真的女人，好好把握住机会，等等。于是周围就会有"怎么老是这样！""为什么就是不明白呢！""适可而止好不好"等等众多指责的声音。其实，无论健一多少次遇到他喜欢的这一类型的女孩子，即便他知道自己有选择方面的问题，但最终还是逃脱不了重蹈覆辙的悲剧，根本的原因就在于本人对这类问题的认识非常有限。

依赖于相互依赖的人

每当听到或看到这类事情的时候，我的心中也会涌出许多的疑问，他们到底是为什么呢？有一天，我在阅读其他类型的学术文章的时候，忽然看到了"相互依赖"这个词，受到了一种强烈的刺激，这正是我要找的东西。为了帮助大家进一步理解"相互依赖"这个概念，我们来对比一下酒精依赖症患者与周围人的关系。比如，有个丈夫、妻子和儿子的三口之家，丈夫有酒精依赖症，在这种情况下，我们会自然而然地想到妻子和儿子会受到何等程度的影响。情况一定是酗酒的丈夫一喝酒就变得暴躁起来，抑或对家人实施暴力。工作上不是请假就是偷懒，经济状况会变得非常拮据。作为一个丈夫和父亲，本应该给妻子和孩子深厚的爱，但由于酗酒成性，该给家人的给不了，反过来却给家人甚至周围的人都带来了种种负面的影响。

酒精依赖症患者会给家人造成巨大的伤害，特别是精神方面的伤害更严重，给孩子造成的影响则是一生的。婚姻心理方面的研究表明，酒精依赖症给家庭带来的危害至少会殃及三代。对这类家庭灾难的责任认定，结论是清清楚楚的，酒精依赖症者难辞其咎。到底他们是因性格所致，还是因某种精神压力所致，目前还不得而知，但不管怎么说，由于无法控制自己的酒精依赖行为，既害了自己又伤了别人，他们毫无疑问成了家庭正常生活秩序的扰乱者、施害者，而周围的亲属家人无疑成了被害者。在"相互依赖"这个概念被广泛关注和认识之前，这种是非两分法是被大家普遍认同的。但是，我下面的解释可能要稍微颠覆一下传统的认识，所以在此要请大家稍微有点心理准备，跟我一起去了解一下"相互依赖"这个概念的另一个侧面。

以酒为伴、以酒为乐的"酒瘾君子"们，他们不喝酒的时候在干什么？我认为这些人应该都在考虑喝酒的事吧，但大家想一想，这样的人一个人会怎样生活呢？

这些人往往不会认真努力地去工作，那他们从哪里来钱去支付喝酒的费用、生活费等开支呢？就连打扫卫生、洗衣做饭这些日常事务，恐怕他一个人做起来也不是件很容易的事吧！怎么也得有人配合他一起来做才行吧。说得极端一点，有没有这种可能，就是在酒精依赖者的周围，有人在支撑着他们的酒精依赖行为，比如他们的父母、家人，抑或父母留下的不菲遗产等等这些经济物质因素，会不会变相成为他们酒精依赖行为的"坚强后盾"。

大家对下面这样的例子应该不会陌生，丈夫是酒精依赖症者，一天到晚就知道在家喝酒，因为没有工作，只能靠妻子出去打工挣钱，以供家用。妻子在丈夫没喝酒的时候一再恳求说：拜托了，别喝酒了，好好出去工作不行吗！丈夫一般都会假惺惺地说：哦，也是哈！结果转过脸去该干嘛干嘛，在外面逛游了一圈又跌跌撞撞地回来了，进门就扯着嗓子喊上了：快给我买酒去！我要喝酒！那副德行非常恐怖，但只要喝上酒，马上就会变老实了。妻子也是万般无奈，心想就再依他一次吧，只要把酒买回来，他一喝上，接着就变消停了。第二天妻子又开始央求他"别喝了行不行啊！拜托你了……"如此一天又一天，一次又一次，循环往复，没有尽头，连从妻子这里讹去的零花钱最后也都买酒喝了。尽管妻子恨之入骨，怨声载道，但生活一直都是这种模式和状态，谁都无法改变。

我提出一个假设，如果老婆在经济方面完全不管丈夫了会怎样呢？丈夫还会继续酗酒吗？对这个假设可能很难一下子做出明确的回答或说清楚问题，但我想启发大家思考的是，酒精依赖症者到底和周围的人是一种什么样的关系，周围的人是不是在某种意义允许或接受了对方对自己的依赖。我再提出一个质疑，妻子真的希望丈夫把酒戒掉吗！？如若真的从内心深处希望丈夫把酒戒掉的话，为什么客观上却是一而再再而三地助长丈夫的酗酒行为呢！？妻子可能会备受委屈地说：我是真希望他戒掉的，我怎么可能会希望他喝酒呢！是因为他戒不了，整天闹得没办法，才不去管他的啊！妻子的这些怨言我很理解，很同情，但我还是要问，既然面对如此痛苦的生活状态，为什么不狠下心来晾晾他，就是不给他买酒，他能怎么样？为什么不采取必要的行动，给他点颜色看看！

妻子们都会这样说：因为有感情；因为怜悯他；因为他的样子太可怕了；喝酒倒也不是什么大的原则问题；他狗改不了吃屎，干脆还是我忍忍算了；离婚太难了，诸如此类的说法和理由，妻子们能说出几十条，上百条，但是，这些想法和说法对吗？妻子们想一想，你们是不是也同样依赖于丈夫的某种行为呢？说得再婉转一点，和酒精依赖症的丈夫依赖着妻子一样，妻子是不是也同样依赖着酒精依赖症的丈夫呢？

如果把"依赖"这个词换成"必要"这个词的话，理解起来可能会更容易一些，确切地说，酒精依赖症者和周围的人不是一方依赖于另一方的关系，而是相互依赖的关系，即共同依赖的关系，这才是依赖的真正意思。所谓相互依赖就是从旁观者的角度看，很恶劣（施害者）的一方和被伤害的一方，在他们内心的深处都有相互需要的地方，这是相互依赖的要点。

认清相互依赖的要点

大家对相互依赖这个概念有点认识了吗？下面随着我的详细介绍，大家去具体体会吧。

麦罗德·伯特所著的《不再依赖：停止控制别人，开始关心自己》（ *Codependent No More:Stop Controlling Others and Start Caring Yourself* ）里提到，在医学范畴里正式提出"依赖症"这个概念是在1970年代后期，其实这个概念到目前为止还没有一个确切的定义，只是根据不同研究者的不同意见提出了不

一个与依赖症者有共生关系的人，如果被其行为所左右，且自己又被一种强迫观念推动着一定要控制对方的行为，就形成了一种相互依赖的共生关系。

同版本的概念而已。一个与依赖症者有共生关系的人,如果被其行为所左右,且自己又被一种强迫观念推动着一定要控制对方的行为,就形成了一种相互依赖的共生关系,这就是比较综合的相互依赖的定义。下面我列出相互依赖的五个典型特征,希望能够帮助大家加深对相互依赖的理解。每一个特征又有七个要点,只要你的行为与其中三个以上的要点相吻合,对不起,你也就有了相互依赖的倾向性。

最需要的是"被别人需要"

☐ 等不到电话、短信,心情就烦躁,情绪会一落千丈。本来没有约定要通电话,但对方如果没有给自己打电话,就会因此而感到愤怒,"为什么不给我打电话呢!"

☐ 比起自己喜欢对方来说,还是希望对方更喜欢自己。

☐ "喜欢你""爱你""需要你"等等诸如此类的表达其实挺牵强,自己都觉得缺乏真诚。

☐ 有一种莫名的恐惧感,总担心不知道什么时候对方会不需要自己了,离自己而去,这种模糊不清的不安全感时常侵扰着自己。

☐ 别人有事求助于你的话,你会感到很高兴。当然是小事情,大事的话你会很反感。

☐ 看到对方的烦恼和问题解决了,你表面上好像挺高兴的样子,但内心实际上挺失望的。

☐ 孤独且脆弱,常和自己在一起的那个人如果不在的话,你会变得不安。

例4中的健一就是这样，得到恋人的委托，或恋人有事和他商量，他都非常的高兴，甚至会有些沾沾自喜，浑身上下都充满了激情，自信心也爆棚。那一会儿两个人不管干什么都幸福得不得了，感受到的全是快乐。只要被对方有所要求，能为对方提供心理、物质或体力上的帮助，那是最幸福最快乐的。相互依赖症者非常在意别人是否需要自己，并把被别人需要看成是自己最重要的事情。只要被别人肯定了，只要别人认为自己是有用的，那就获得了满足感，会觉得非常的充实和惬意，自己存在的价值也得到了充分的证明。如果得不到别人的认可，就会出现另一个极端，会非常的气馁和烦闷，像是泄了气的皮球一样，一瘪到底，会认为自己存在的价值没有得到尊重和体现。在他们的脑海中有一个公式，即别人对自己的需要等于自己存在的价值，换言之，自己的生存价值完全取决于别人对自己的需要程度，他们最重视的就是别人怎么看待自己，所以，他们会时时处处留意别人对自己的态度，到处寻找被他人需要的线索，实在找不到的话，也得想办法自己弄个为别人负责抑或照顾他人的差事干干，说白了就是必须要找到一个需要自己的人，对其施展抱负，发挥才能。

在给人发邮件的时候，明明显示"已收到"或"已阅读"，但始终没有得到回复，对方这种不礼貌的行为会令发邮件的人很气馁，有种被忽视、被拒绝和不被尊重的感觉，即便对方没有什么主观恶意或对自己的不良情绪，相反，如果得到对方哪怕微不足道的一丁点回应的话，自己也会有非常大的满足感、充实感，至于是不是真的被对方所需要或接受，那都不重要，至少波澜起伏的一颗心算是安定下来了。

这种人如果谈恋爱的话，首先考虑的不是自己需不需要对方，而是对方是不是需要自己。"很喜欢你""你对我来说很重要"，这种话说出来能让人嗅出什么怪怪的味道来吧？其实说白了就是一种"需要"，就是把自己所需要的东西当成了恋爱的必要条件。这种人谈恋爱仅仅有爱是不行的，一定要有被对方需要这一条件，即便是不那么喜欢对方，但只要对方说出"我爱你""你对我来说是非常重要的"这样的话，就足够了，他会折服于对方对他的这份需要，恋爱的要件就构成了。

相互依赖症者视自己的生存价值完全取决于别人对自己的需要程度。他们最重视的就是别人怎么看待自己，所以，会时时处处留意别人对自己的态度，到处寻找被他人需要的线索。

愿做施舍者

☐ "啊，这样好，这样好"，经常有意无意地给别人提建议。

☐ 看到对方烦恼时，内心就会变得高兴。

☐ 在尽心尽力照顾别人的时候感到最充实。

☐ 别人并没有拜托自己，但看到对方烦恼之事缠身，内心就会涌出一种想办法帮人家解决困难的使命感和冲动感。

☐ 很自信地认为"能帮助这个人的只有自己"。

☐ 对于自己的建议，对方没有接受和执行，也不说句感谢的话，自己会很失望，甚至会感到有些愤懑。

☐ "应该"被救助的人（烦恼的人）或"应该"听取自己意见的

人不在的话，会感到无聊和空虚。

最看重的是被别人需要，这是相互依赖症的第二个特征。即便对方不太需要自己，也会积极主动地给予对方帮助，总是希望对方把自己看成是救赎他（她）的人，这样自己在对方心目中就成了不可或缺、不可替代的了。相互依赖症者就喜欢这样一种感觉，有时也会意识到自己有这样的问题，但并不会因为有所意识而改变什么，因为他们觉得自己的这种特征是积极且向善的，是良好品质的体现，反而会因此沾沾自喜。例4中"要让不幸的女人变得幸福"的健一就是个典型的例子。相互依赖症者渴望助人的心情到了一种极端且偏执的程度，并以此为乐趣，所以他们又被称为具有救赎情结的人，总想凭借自己的能力去救助那些遭遇困境或烦恼缠身的人，他们认为自己有能力帮对方脱离苦海，摆脱困境。诚然，对于社会上遇到困难的人，人们肯定会伸出援手，积极地提供帮助，这是社会的基本道德所提倡的，想必每个人或多或少都会有这样的愿望，所以当人们遇到需要帮助的对象时，慷慨解囊、倾尽所能是理所当然的，人们也会因为提供一些力所能及的帮助而感到愉悦和高兴，这种心情很正常，也是合情合理的，但这与相互依赖症者想要提供的帮助有天壤之别，相互依赖症者是处心积虑地寻找给别人做事的机会，强迫性地给别人提供帮助，而且欲望十分强烈，内心总抱着一种一定要去行善的想法，好像不行善就无法获得安宁，这是相互依赖症与正常心理的最大的区别。

另一方面，如果"拯救对方"的行动实施了，那会获得出奇的快感；如果"拯救对方"的行动失败了（比如自己的建议没有被采纳，或根本就没有被别人理会，或没有得到对方的致谢或感激等等），就会有种巨大的失落感，甚至会有负罪感、自我厌恶感，同时会对对方产生巨大的愤怒情绪。总之，生活的中心就是为了救助别人，为了证明自己的存在价值，除此之外，别无其他乐趣可言。

> 最看重的是被别人需要。相互依赖症者渴望助人的心情到了一种极端且偏执的程度，并以此为乐趣，所以他们又被称为具有救赎情结的人。

值得一提的是，像健一这类情况，对方往往是从一开始的感激感谢之情，逐渐演变成一种隐隐的压迫和负担，最后导致分道扬镳。健一帮助他人的欲望建立在让别人认可自己有价值和能够得到别人承认的基础上，不是一种自然而然的助人动机和行为，对方会感到有种强烈的压力感和压迫感。

酒精依赖、药物依赖以及其他依赖症者，工作和经济方面不太顺利的人，性格情绪方面有问题的人，内心拥有巨大烦恼的人，对于这些人，相互依赖症者选择恋爱对象多半是冲着他们去的，也只有这样的人才有被"救赎"的机缘和可能，对于一般的恋爱对象，想平白无故地去对人家进行"救赎"，那是一件很荒唐的事，也是很难做到的。

决不能放弃他（她）

☐ 一看到烦恼的人、有困难的人，就很在意那个人的事。

□把对方的问题当成是自己的问题。

□特别喜欢对别人的问题穷追猛打、刨根问底。

□考虑自己的事情远没有考虑别人的事情多。

□认为对方离开自己是绝对不行的。

□尽管对方知道该怎么办,但自己还是不放心,必须亲力亲为把这件事办利索了。

□对方现在什么情况?因为老想对方的事,自己一整天什么也干不下去,整个人都六神无主的。

例2的博子在金钱和家务方面几乎包揽了所有的事务,尽职尽责、尽心尽力地照顾着恋人,为了他出去找工作,为了将来的生计做着细致的打算,在付出的过程中也得到了些许的鼓舞和安慰。但博子还是会时常爆发出一种愤怒:凭什么为了你我就得做出这么大的牺牲!但仔细地想一想,所有这一切都是谁逼着她做的吗?难道不是她心甘情愿的?

酒后无德,工作无能,挣钱无门,就会冲着她大吼大叫发脾气,用旁人的眼光来看,这是个不折不扣的人渣。周围的朋友都看不下去了,一个劲地劝她赶紧结束吧!别再继续了!别再打电话和他联系了!博子虽然也知道大家说得是对的,也做出了放弃的决定,但最终还是又纠缠在了一起,用博子的话来说:他们是分不开的,如果要分的话,他是绝对不接受的,他离不开自己,一旦离开自己,他会寻死觅活出大事的,他是绝对不会放手的。

相互依赖症者不擅长划分自己和他人的界线，总在强调别人的心理上很难接受什么，很难放弃什么。本来对方的问题就是对方的问题，但在相互依赖症者这里不知不觉就会变成自己的问题。比如，对方找工作也好，具体干点什么也好，应该是他自己考虑的问题，但在博子这里却变成了她不得不考虑的问题了。按说他自己的问题应该由他自己去解决，他自己要做出努力，去改变也好，改善也好，自己去承担，不能只靠博子。现在的实际情况成了博子一会儿拜托恳求，一会儿严厉告诫，一会儿又劝其戒酒，但最终的结果却是博子从此变成了他的一个生活协理，不仅是带工资的保姆，还为他提供全额生活资助。即便如此，能对他有所启发，有所激励也行，但问题是一点好的作用都没起到。所以，博子经常把"你能成为一个自食其力的正常人吧！""你好好的不行吗！""我真拿你没办法了！""这是最后一次！"等等这样的话挂在嘴上，但不管博子怎么埋怨，最终还是把对方的一切麻烦都留给了自己。

乍一看，这是清清楚楚的"利他心"，其实是从心底里放不下对方，当然也有不能不管的事，比如干涉对方的行动，干预对方的一些想法等等。但对于对方今后该怎么做这类问题，确实是应该由对方自己做出决定，只有他本人从心里真正认识到了问题在哪里，出路在哪里，才能改变自己的一切。

肯定有人会提出疑问，难道对这种有问题的对象就只能听之任之吗？对于酒精依赖症者来说，就只能依着他喝个没完没了吗？回答当然是否定的，不仅要让他戒酒，而且还要说到做到。但是，对于相互

> 相互依赖症者不擅长划分自己和他人的界线，总在强调别人的心理上很难接受什么，很难放弃什么。乍一看，这是清清楚楚的"利他心"，其实是从心底里放不下对方。

依赖这种情况，光要求对方这样做、那样做也是不行的，尤其是一些比较苛刻的要求，反而会令对方逆反，要学会借力，不能光发号施令。另外，对于一些细枝末节的事情也不要掺和得太多，否则会有插手过多的问题。命令与支配是解决不了依赖症问题的，必须要让依赖症者自己能够支配自己，以防把问题揭开了，结果却被对方折腾个天翻地覆，落得个不可收拾的结果。

如果对方有严重的酒精或药物依赖情况的话，另当别论，其他类型的相互依赖症，可以尝试一下不见面，不打电话，对对方的任何事情不闻不问，自己的任何事情也不要跟对方讲，一般一个星期就好了。这是人为地给依赖症者制造不安因素，以对抗其原来就有的不安、依赖心理。

过于敏感，谨小慎微

☐ 非常在意对方的一言一行，越是细微之处越是十分留意。

☐ 一看到对方不高兴或心情沮丧的样子，就觉得可能是自己的问题，是自己惹得对方不高兴了。

☐ 总在考虑"怎样才能让对方高兴呢？"

☐ 做快乐的事，拥有幸福的心情，脑中偶然会掠过一丝罪恶感。

☐ 只要自己能够忍耐，尽量克制自己的想法和说法，遵循大事化小，小事化了原则。

☐ 受到了外人的赞扬，却得到了他（她）的否定，感觉很晦气。

☐ 在外人面前善于隐藏自己的真心，表演的成分居多。

例3中的百合是个极其"善解人意"的人，是揣摩恋人心理的"高手"，她时常在想对方是什么心理呢？是高兴还是不高兴呢？对方一个微小的动作、一个细致的表情都能被她敏感地察觉到。一旦发现对方不高兴了，她就会战战兢兢、小心翼翼地跑到一边去，尽量避开他，谨小慎微地做自己的事情。不只是恋人，与其他人接触的时候，百合也是心思不停，疑虑不断，眼珠子不停地在眼眶里打转，好像是在揣摩对方的心理，这已经成了下意识的习惯了。

和自己的幸福比起来，对方的幸福似乎显得更重要，这是相互依赖症的共同特点。对方幸福了，好像自己也就跟着幸福了，如果这扇幸福的大门从此敞开了的话，那是再好不过了。但相互依赖症者在期盼幸福的同时又隐隐约约有种受虐心理，总觉得幸福之事不该降临在自己头上，好像自己没有资格享受幸福，除非经过自己的努力能给对方带来幸福，作为一种对自己的犒赏，那还是能够接受的。

孩子小的时候都会看父母的脸色说话办事，察其言观其色，谨慎行事，孩子都有这种体会，父母高兴的话，自己也会无拘无束，满心喜悦，如果父母脸色不好看，就算本来自己挺高兴的，也不敢再喜形于色了，害怕被父母看出自己挺高兴的样子，因而佯装自己也是闷闷不乐的。相互依赖症也是这种情况，只是表现得更为极端一点，相当于孩子长大成人后继续保留了孩提时期那种看父母脸色行事的习惯。

因为对朋友或恋人细微语言或行为的过分敏感，所以会主观地根据自己的判断来调整自己的语言或行动。比如，对方如果是开心的，自己就会变得很开心；对方稍微有一点点不高兴，即便是无所谓的一些小情绪，也会影响到自己，会让自己瞬间变得很紧张，甚至会有点不知所措，有时还会认为是自己的过错导致了对方的不开心；但依然还是会很勉强地表现出阳光开朗的样子，就是为了不使事态变得很尴尬。如果是在众多人面前的话，会强压着自己愤懑悲伤的情绪，去应付不愿面对的场面。很多人聚在一起的时候，会过分关注大家的情绪，会质疑大家热情洋溢情绪背后的情感真实性，会不会有人在这个热闹的场面中是佯装开朗呢？这种疑虑不时会有。因为不知道大家的真实情感是什么，因此会有些焦虑和不安。

即使在恋爱中，最重视的也不是自己，而是恋人，一切都是恋人优先，都得围绕着恋人的喜怒哀乐、所愿所想去做，自己的快乐与否是次要的，自己心情好不好无所谓，只要恋人高兴了，一切都OK。如果遇到什么问题的话（主要还是针对对方还有什么事情不满足这类问题），那都是因为自己不好造成的。很显然，这已经不只是相互依赖的问题了，这不是礼让馈赠某种东西，而是强迫性地让对方在一切方面占据优先位置，是自我否定、自尊心受损、自我评价过低造成的一种自虐心理，总认为自己是没有价值的人，一天到晚总在考虑：无德无能的自己是不可能被别人高看一眼的，因此绝不能厚着脸皮再去争抢自己的幸福，那样做的话是一种罪过。

死守"曾经的爱"，盲目地相信未来

□即使很多朋友都劝说自己，还是分开的好，但自己怎么也做不到。

□庇护对方，隐瞒事实。

□即使发现对方有问题，也认为没什么大不了的。

□即使非常的艰难和痛苦也要忍耐，因为深爱着对方，没有办法。

□只有自己才是真正理解对方的。

□"现在虽然是痛苦，但事情一定是朝着好的方向发展的"，虽然什么根据也没有，但却根深蒂固地这样认为。

□自己如果再继续努力的话，事态一定会变好的。

"差不多了，我想他应该开始工作了……"（博子）

"哎，我忍耐一下就好了……"
（百合）

"虽然朋友们都认为她可能与别的男人有什么关系？但我认为她绝对不是那样的人"（健一）

> 相互依赖症者认知的扭曲：
> 第一是否定
> 第二是合理化
> 第三是不现实的期待感

用了"认知扭曲"这个词,在相互依赖的情况下,虽然已经认识到确实是出了问题,但对于不利于自己的事实(即便是痛苦的)也绝不会轻易承认和接受,往往是按照利于自己的想法进行扭曲或变相处理。当然,谁都有过这种经历或体会(用精神分析的说法是"防御机制"),只是程度不同而已。有相互依赖症的人在这方面的表现会更加极端,因此会引起周围很多的质疑声。

相互依赖症者认知的扭曲表现为三点:

第一是否定(denial),认为本来就没什么问题,即使被指出问题也会用第一"没有那样的事""没什么,我不介意""不是什么了不起的事"来回应。

第二是合理化(rationalization),好像总是能找到一个最合理的解释:"谁不喝点酒呢""他没有工作是因为社会没有充分发现他的才能""任性确实不是个好事,但也有挺可爱的一面"等等诸如此类的说法。

第三是不现实的期待感(unrealistic expectations),一直认为会有一种偶然的奇迹般的力量,会推动自己的事情往好的方向发展,当然,根据是没有的,只是一种超强的期待而已。总在梦想着"有一天他自己就不喝酒了","过了没几天,他自己就主动出去工作了","突然有一天,对方猛然发现,自己对对方的爱是无与伦比的,因此受到了巨大的震动而回归到自己身边","其实,对方只是不知道什么是真正的爱,总有一天,对方会感受到自己的爱才是真正的爱,所以一定会断然回头的",这是我实际听到过的一些说法。

相互依赖的婚恋情感周期

接下来让我们详细地分析一下相互依赖症者的恋爱情感关系。一般来说相互依赖症者的恋爱情感关系分为九个阶段，打个形象的比喻，就像是在原地画圈，周而复始地重复着固定的行为，我们在这里暂且称它为"周期"吧。记得《面对爱情之瘾》(*Facing Love Addiction*, Harper Collins)用了一种美妙的西方古典音乐的理论和形式，对相互依赖症者恋爱情感关系的每一个周期、每一个过程步骤都展开了详细的解释。

依赖症者与回避依赖症者相互吸引

所谓回避依赖症就是逃避与他人建立一种过分亲密的甚至必须依赖在婚姻恋爱关系上的人（第三章会详细介绍），在本章里要讲述的是另一种比较奇葩的情感关系。根据大量的事实依据，我们得出的结论是，相互依赖倾向往往是在幼儿时期就形成的，当然这只是个经验性的结论。但有一种特别有趣的现象是，这些有相互依赖倾向的人在遇到回避依赖症者的时候，哪怕只是一瞬间，都会彼此向对方投射出一种巨大的引力，就像N极与S极之间的相互磁引力一样，用他们的话来说是"魔法附身"，他们会一见如故。再打个比方，假如有100个相互候选的恋人，相互依赖症者一定会在这100个人当中迅速地找出那个回避依赖症者，并相互吸引，一拍即合。

这种情况特别像我们常说的"一见钟情","看一眼就知道这个人就是我要找的那个人","这就是命,是命运的安排","不管怎么说,他都和别人完全不同","我生命的意义就是有一天能与她不期而遇"等等,这些话都是相互依赖症者在总结他(她)与恋爱对象相识的过程时常挂在嘴边上的。当然,我们并不否认有一见钟情和命运安排这类事情,那肯定是为人们所向往的很美妙的事情,但是,相互依赖症者和回避依赖症者的相遇,虽然是甜美的相识,但却是危险旅途的第一步。

爱得死去活来

能给自己一切的人终于找到了。这种心理使自己的情绪一路高涨,很快进入到一种炽热、疯狂的恋爱状态,对方立即成了自己的"白马王子"或"天使公主",人生也因此变得绚丽多彩,幸福无比。

其实对方已经被理想化了,原因就是透过自己臆想出来的一种"幻想滤片"看到的对方已经不是既有所长也有所短的现实中的人了,而是没有一点缺点的完美之人(完全符合自己的幻想)。相互依赖症者很愿意待在幻想的世界里面,不想成为现实的参与见证者,不愿用现实的眼睛看现实。回避依赖症者恰恰天生具有巧妙处理自己角色关系的本领,而他们经过处理的角色形象又是相互依赖症者最喜欢、最欣赏的,只不过相互依赖症者是凭自己的本能反应和主观经验做出的判断。

终于找到了适合自己的那个人

孤独、焦躁、虚无感、自我厌恶、自我否定、被爱的渴望,等等，所有这些心里的痛楚，终于被释放出来了，终于被解救了，完完全全、彻彻底底变成了一个被人爱、被人承认、被人尊重、被人理解的人，终于在这个社会上找到了存在感和价值感。相互依赖症者平常内心的痛楚感比一般人要强烈得多，所以当遇到所谓的真爱的时候，那份激动和高兴的心情是一般人难以想象的，幸福感非常的强烈。过去因为心中难以抑制的痛楚，实在没有办法做好任何事情，就是因为对方的出现，一切都迅速变得好了起来。他们很坚定地认为，只有对方能够救自己，能够让自己获得重生，这就是命运的安排，一点都不奇怪。

爱与被爱的欲望总是得不到满足

相互依赖症者会认为对方应该给予自己所需要的一切，这种信念根深蒂固，所以会向对方索求得越来越多。但对方无论如何不可能满足其所要求的一切，渐渐地矛盾会越来越多，越来越大。另外，回避依赖症者的"伪装"也开始逐渐显现出破绽，由于过分担心相互依赖症者的不断加码的各种条件和要求，所以会摆出随时要逃走的架势。即便在这个阶段，相互依赖症者依然还是混混沌沌地活在幻想当中，还是会继续提出更多过分的要求，但对方会逐渐以工作忙等等为借口，先是推辞，最终发展成为拒绝，理由非常的合情合理。

搬起石头砸了自己的脚

问题多多的（性格缺陷、暴力倾向、花心好色、酒精依赖、经济拮据等等）相互依赖症者，很难从对方那里得到自己想要的一切，常常是竹篮打水一场空，中途就被对方冷落了。对方再不愿意亲近自己，本来看不清楚的东西，现在逐渐看清楚了，然后采取了拒绝、否定的态度，抑或合理化的推辞，这本来是正常的心理反应。相互依赖症者感觉自己一朝被捧到天上，又从天上一头栽到地下。受伤的心刚要愈合，又是一记重创，不管有多少的期待，均以失望而告终。实在没办法再欺骗自己了，就对着现状和对方大声地呐喊和抵抗，然后愤怒，哭泣，布饵（金钱和性）引诱，威胁（以不满足要求就不给钱或性相要挟，或向周围的人散布有损对方的言论），不计后果，费尽心机（为了引起对方的注意而故意找外遇）等等。但是对回避依赖症者来说这种抵抗是根本不起作用的，岂止如此，说不定还越来越陷入回避依赖症者所设的"圈套"里去了。相互依赖症者所有的这些行为只能伤害自己的身心，最终导致两个人的关系越来越疏远。

可能会发展成抑郁症

相互依赖症者不得不承认失败，对方不是自己的救世主，自己终究是被抛弃了（至少是在心理上）。还有其他的恋人吗？还有其他感兴趣的人吗？对相互依赖症者来说，自己是一定要为别人而活着的，是一定要以别人为中心而存在的。

酒精依赖症者在端起酒杯尚未入口的时候，能看出来似乎所有的烦恼痛苦都围绕着他，过去的孤独、焦躁、虚无感、自我厌恶、自我否定、渴望被爱等等，所有的这些负面情绪都等待他用这杯酒冲淡，只要痛痛快快地咽下去，这些痛苦几乎就都能够烟消云散。但遗憾的是，一顿痛快的豪饮过后，那可怕的痛楚还是会再度袭来，而且，比过去的痛苦会有过之而无不及，只能一次比一次严重。靠酒精摆脱窘境的希望看来是不现实的，酒精依赖症者会深深地感到绝望，自我否定、自我厌恶的情绪会成倍增加。

就像酒精依赖症者一样，相互依赖症者希望用恋情摆脱孤独和痛苦的努力一定会落空，一旦回复到孤独当中，这种心灵的痛苦和悲伤是难以名状的，这个时候外力如果不及时介入（朋友或周围人的帮助）或自己加倍努力（接受咨询）的话，极有可能陷入严重的抑郁症状态，抑或发生自伤行为。另外，因为一心想逃避痛苦，酒、食物、药品、购物、赌博等等都会成为新的依赖对象，因此会造成其他类型的依赖症。

妄想挽救自己的恋情

到了第六个阶段，当对方要放弃自己、和自己断绝关系的时候，妄想就开始了，因为结束关系实在是太痛苦了。此时会幻想，如果每天都坚持不断地给她发微信、发短信，如果她能知道自己的真实用心之后，会不会回心转意呢？如果每天都带着做好的饭菜和她一起分享，她会不会觉得自己很难能可贵呢？如果再极端一点，来个自杀未遂的话，她一定会回头了吧？如果把财产全都送给她，她是不是应该能回来呢？应该说她对自己是存有偏见的，如果他们不相恋的话，她是不是就不会这样对待自己？等等。到了这个阶段，既看不清真实的对方，也看不清现实的自己，在自己的内心世界里，围绕着一些光怪陆离稀奇古怪的事情展开想象。

将妄想变为行动

在第七个阶段形成的妄想，在这个阶段要付诸行动。

每天都把最坏的心情和情绪写出来发给对方，一天到晚不停地打电话，这还仅仅是开始。说不定突然会有一天，给对方打电话说自己割腕了，还吃了大量安眠药，甚至会把三百万日元现金突然摆到对方面前，并附上婚礼会场及日程安排的资料，这种极端的事情是会发生的。他们的思维非常的狭隘和偏执，整天就想着用什么样的极端的方法能让恋人回心转意。

"失去这个，再找下一个"，又是一次轮回

因为某种原因，对方或许是无奈地回心转意了，短暂的蜜月生活又回来了，一切又变成了玫瑰色，好像所有的问题都解决了，眼里的未来又成了一片光明。或者会是另外一种情况，又有了新的相遇，对这段新的关系从内心里抱定一定不会失败的信念，因为可以列举出很多的例证来说明新伴侣与前伴侣之间有着很大的不同。

但遗憾的是，同样的反复又开始了：或者是已经回头的对方在不知不觉中又被带回到了原来的状态；或者与新朋友的交往，一开始也感觉很好，一切都是那么幸福甜美，结果处着处着就又走到原来的老路上去了，与和前面朋友相处的模式如出一辙。前前后后，反反复复，相互依赖症者总是摆脱不了相同命运的桎梏，一次又一次被命运所摆布。

这9个阶段的每一步都因人而异，特别是第7、第8两个阶段，每个人的差异都很大。这个阶段是抓住救命稻草不放手的阶段，尽管两个人相处得非常痛苦，但相互依赖症者狠不下心来结束关系，在心理上离不开对方，就像第8步那样，开始积极"行动"起来。另一方面，没有经过第8步就直接到第9步的人，属于放弃的类型，因始终走不出痛苦的阴霾，心里实在憋得难受，有时也会选择主动离开，当然也有被对方所利用的时候。

为何会产生相互依赖的恋爱心理

为什么会陷入相互依赖的恋爱周期里呢？这里面有一种心理原因。精神分析学说的创始人弗洛伊德把人的意识分为"意识"和"无意识"两种，就人的内心而言，自己能意识到的称之为意识，而自己意识不到的被称之为无意识。相互依赖是在无意识状态下内心生成的一种机制，自己也知道都做了些什么，也知道为什么会变成这个样子，但是从这种状态里脱离出来却非常困难。所以，为了从相互依赖的恋爱中摆脱出来，第一步是要认清那个无意识的机制，这是非常重要的，一定要把相互依赖背后的那个无意识机制在深层心理层面彻底清除，要实现这一点，必须从孩提时代与父母的关系中找原因。

孩童时爱的感受

我们刚出生的时候,父母对我们来说就像是全知全能的神,为我们提供食物、安全、保护、爱等等,所有的一切我们都听命于父母。反过来父母也像奴隶一样伺候着我们,我们饿了就哭,父母马上给我们哺乳;拉了尿也是哭,父母赶紧给我们换尿布,擦拭清洗。如果我们还是哭闹不止,父母就竭尽全力来哄我们,用取悦的方式让我们安静。可以说我们的一举一动都牵动着父母的心,这个时期,在我们的内心深处父母就是我们自己(不只是生身父母,即便是非亲生父母也是同样,都是以照顾我们为中心的),我们意识不到父母和我们是不同的个体,我们的欲望满足了,一切就都OK了,不存在他人的视角,世界就是为了我们自己而存在的,自己就是世界的全部,这个时期被称为"自恋阶段"。稍微大一点点,我们依然还是想让父母满足我们的一切,如果得不到,我们还是用"哭"来抗争,接下来父母在对待我们的态度上也慢慢地发生了变化,"不听话那就自己来吧,即使哭也不行",这个时候,我们会忽然感觉到,原来父母和自己是完全不同的个体,这个事实会慢慢地被我们所认识和接受,这就到了"分离"和"独立"的阶段。

> 一定要把相互依赖背后的那个无意识机制在深层心理层面彻底清除,要实现这一点,必须从孩提时代与父母的关系中找原因。

对孩子来说,这种"分离"和"独立"是人生第一次大的考验,过去一直生活在父母的怀抱里,幸福快乐、无忧无虑,现在却突然要涉足"危险恐怖"的未知世界,虽然父母是有意识在教育锻炼孩子，但对孩子们来说却是一件非常可怕的事情，等于原本赖以生存的安全环境突然崩塌了。能不能顺利逾越这个"分离"与"独立"的阶段，对孩子的未来至关重要。父母如何适当地给孩子提出要求，适当地放手让孩子自己去面对问题，作为父母来说，把握起来还是有些难度的。一边要根据孩子的要求有所回应，一边还要让孩子认识到父母只是孩子的伙伴，孩子应该独立面对外部的世界，绝不能停留在依赖父母的惯性当中。如此一来，什么时候应该"接手"，什么时候应该"放手"，这两者之间的平衡是非常重要的，如果"接手"过多的话，就会对孩子形成过度的保护，孩子会永远停留在自恋阶段。相反，如果"放手"过多的话，孩子又会产生被抛弃了的孤独感和自我否定感，会造成分离的恐惧感太过强烈，反而迈不出第一步。

> 对孩子来说，"分离"和"独立"是人生第一次大的考验，能不能顺利逾越这个"分离"与"独立"的阶段，对孩子的未来至关重要。

父母的爱也可能会伤害孩子

听说过"毒父母"这个词吗？最早提出这个概念的是美国著名的心理治疗师苏珊·福沃德所著的《中毒的父母》(*Toxic Parents*) 一书。

可能有人会觉得用"毒"这种词汇形容父母有点太过分，但确实有这样一种父母，他们的所做所为给孩子的未来和人生带来的是严重的负面影响和伤害，但他们自己却浑然不知。当然还是好父母、普通正常的父母占大多数，所以，对于那些成长在父母有问题的残缺的家庭里的孩子们来说，他们很难理解正常的父母应该是什么样子的，但父母给他们造成的不良影响又是客观存在的，而且，不是用眼睛就能简单识别的。有些父母是在不知不觉中做着伤害孩子的事情，而且周围的人很难理解和察觉。"毒亲"这个词在一部分人中间很流行，而且已经成为一种固定的概念，被很多人所理解和认同。

苏珊·福沃德所说的"毒父母"是指像神一般的父母、不履行义务的父母、控制欲很强的父母、酗酒成性的父母、语言尖酸刻薄的父母、有暴力行为的父母、性成瘾的父母等等。要想了解各种"毒父母"的详细情况，不妨读读《中毒的父母》这本书。由于父母各种不恰当的言行给孩子造成了严重影响，结果孩子会出现诸如"罪恶感""自我否定感""无价值感"和"绝望感"等等一系列的负面情绪和情感，这是客观存在的事实。

即便和父母分开，或者即使父母不在了，植入内心的这些负面情绪和情感依然会持久地存在，一生都很难剔除。被"毒父母"培养出来的孩子，一般没什么幸福感可言，也谈不上心灵的安逸，自我认识、自我接纳、自我肯定的能力非常低下，可以说"毒父母"给孩子造成的心理影响是一生的。

每个人都必须经历从父母的身边分离独立出来的过程，单纯从这一点上来说，在"毒父母"身边成长起来的孩子，顺利实现分离和独立是件很难的事情，

> "毒父母"：像神一般的父母、不履行义务的父母、控制欲很强的父母、酗酒成性的父母、语言尖酸刻薄的父母、有暴力行为的父母、性成瘾的父母，等等。

> 在"毒父母"身边成长起来的孩子,顺利实现分离和独立是件很难的事情,他们往往沉溺于从父母那里得到爱,或想要得到爱,而且会一直保持着一种对爱的高强度的索取模式,几乎没有从父母那里分离和独立出来的勇气和信心。

他们往往沉溺于从父母那里得到爱,或想要得到爱,而且会一直保持着一种对爱的高强度的索取模式,几乎没有从父母那里分离和独立出来的勇气和信心。因为得不到父母应该给予的由爱而转化成的支持和安全感,所以,孩子会一边祈求得到父母更多的爱和关照,但从内心深处又记恨着不爱、不关心、不保护自己的父母,这种记恨有时会发展到憎恨的程度,当然,自己未必能意识得那么清楚。

父母过度的娇生惯养乍看起来好像是给了孩子无微不至的爱,其实那些爱多半是带有附加条件的支配性的爱;还有一种父母是在对孩子的期待中才有爱,期待没有了,或孩子没有满足父母的希望时,就会被冷冰冰地推开,这对孩子依然是种伤害。对于这些父母,他们年龄稍大一点后,会从孩子对他们的态度上感受出一些问题,但想挽回那些"已经失去的爱"几乎是不可能的了。这时他们会对孩子说:那个时候确实有些地方照顾不周,但不管怎么说,父母都尽心了,天下的父母哪有不疼爱自己孩子的!生活总不能像电视剧吧,都那么合情合理,顺心顺意。还会再三强调为了养孩子不知道付出了多大的辛劳,受了多少罪,吃了多少苦,会一直否认孩子提出的一些质疑。儿时深受"毒父母"影响的人,就这样每次想跟父母说说自己内心的感受时,都会被父母数落一顿,被父母非常合理化的理由和解释挡了回来,最后只能什么也不说了。

　　人长大后要离开父母，然后有自己的交往，精神上也要脱离父母，这是必然的事。对相互依赖症者来说，在深层心理方面其实一直会受父母的影响，虽然表面上离开了父母，不需要父母再给予直接的爱或关照。但当他们遇到亲密的人，特别是恋人时，在他们的深层心理方面会把恋人当成父母，想从恋人那里把孩提时期没有得到的爱弥补回来，这是恋爱依赖症者普遍具有的一种补偿心理。

　　苏珊·福沃德在另一本书《有一种病叫爱情》（Obsessive Love）里写道：对于恋爱依赖症者来说，恋人就是"象征性的父母"，在深层心理上恋人是现实父母的代理（本人是意识不到的，在恋爱过程中，自己既扮演小时候孩子的角色，又会在恋人面前扮演小时候自己父母的角色）。这就是相互依赖症者紧紧抓住恋人不放的缘由，对他（她）来说，恋人就是父母，因为是父母，就得紧紧地黏在一起；因为是父母，就不能离开；因为是父母，对方和自己的心理界限就没必要那么清晰；因为是父母，就不能这么随便更换。正因为儿时经历过最痛苦最害怕的事（被父母伤害），因此最担心再次经历这种灾难，所以即便选择了一个很差劲的恋人，也绝不想放弃，而是竭力地忍耐，不断地努力，这就是相互依赖症者紧紧抓住恋人不放的心理原因。

　　假如你有相互依赖倾向，又恰好谈着一场相互依赖的恋爱的话，过去父母对你做的那些事情很难说不在这场恋爱中对你产生影响，你或许会发现当下谈着的这场恋爱与小时候的很多状况相类似，甚至有些小时候的心情、经验或体会经常会被触及、感悟，对方一些经意或不经意的言语或行动会引发你极大的情绪反应（多半是恐惧感、拒绝感、孤独感、自我否定感等等消极的情绪）。

本来两个人正坐在那里享受着丰盛的晚餐，突然因一点小事拌起嘴来，那一瞬间相互依赖症者会产生一种出奇的恐怖感，感觉特别像是当年父母在争吵

> 对相互依赖症者来说，在深层心理方面一直会受父母的影响，当遇到亲密的人，特别是恋人时，在深层心理方面会把恋人当成父母，想从恋人那里把孩提时期没有得到的爱弥补回来。

的样子吧。如果恋人再以非常怠慢的口吻对待自己的要求的话，那会瞬间激起自己强烈的愤怒和悲伤情绪，这时候潜意识里装得满满的都是怨恨的情绪：你过去无论有过多少请求，从来就没有得到过父母的认可和满足，现在又遇到这种情况了，自己的每次主张都会得到对方无情的否定、指责，甚至是谩骂或人身攻击，但自己并不是对方想象的那么任性、那么一无是处，所有那些被无视、被冷淡的孩提时期的感情，好像一下子又复苏了。然后会突然爆发出一种难以名状的、极度消极的情绪和精神紊乱，确切地说，这种情况的产生不只是因为当下的自己和眼前的对方，更多的是因为过去的经验体会和感情记忆被激活了，过去的情感伤口又一次揭开了。

总想救赎弱势的母亲

我们再来看看例 4 中"让不幸的女人变得幸福"的健一，他是一个始终没有从父母那里走出来实现独立的人，是一个把恋人当成"父母"，从恋人那里追求过去曾经失去的爱的典型例子。他本人也

承认，自己既是母亲的"丈夫"，又是女友的恋人，好像还是自己的父亲，一个人同时扮演着多个角色，他的这种体会与他的成长环境有直接的关系。一直以来，很多的家庭都有一种怪现象，即当丈夫的把大把大把的时间放在了外面，美其名曰为了事业，但实际情况是怎样的，只有他们自己最清楚。这种普遍的现象造成的后果是家中父亲（丈夫）这个角色的缺失，妻子得不到丈夫的关怀，孩子得不到父爱，如果丈夫再有点大男子主义，那结果就更悲惨了，直接的危害是夫妻间的沟通交流会出现障碍。本来夫妻间是应该相互关怀抚慰的，但现实的情况是丈夫的时间和精力都放在了外面，对家庭、对妻子、对孩子几乎到了零付出的程度，这其中受影响最大的是妻子，对丈夫的不满会引发对自己、对人生、对生活的失望，这种不良情绪长期存在的话也会影响到孩子，妻子会把自己的一切希望都寄托在孩子身上，会对孩子有过度的期望，也会对孩子发泄一些不满情绪。在这种氛围下成长起来的孩子，由于受到父爱缺失和母爱变异（爱的表达出现问题）的影响，在处理和面对社会上形形色色、错综复杂的事物和矛盾时，会出现一系列的不良反应，主要表现为情绪化和无主见、无方法、无方向，这时他们会退缩到父母身边寻求帮助，他们认为只有父母那里才是最安全的，而且父母帮助和保护自己是天经地义的。

如此一来就变成了自己的问题就是父母的问题，反之，父母的痛苦也是自己的痛苦，当父母遇到问题的时候，无论这些问题有多么棘手，自己也必须替父母背负这些痛苦。这种行为乍听起来好像挺孝顺挺有责任心的感觉，但其实父母的有些问题是别人无法替代的，别说是孩子，就连父母自己都不一定有能力有办法去解决。其实本来没打算去替父母承担什么或具体做些什么，但当置身父母身边，听到父母发出的一些牢骚和不满的时候，这时会像一个大人对孩子说："哎呀，别太辛苦了，有快乐也会有痛苦，这都是很正常的，但总起来看还是

> 当丈夫的把大把大把的时间放在了外面，美其名曰为了事业，对家庭、对妻子、对孩子几乎到了零付出的程度，这其中受影响最大的是妻子，对丈夫的不满会引发对自己、对人生、对生活的失望；这种不良情绪长期存在的话会影响到孩子。

不错的。"对孩子们这种轻描淡写的回答，父母是不理解也不接受的，更何况在孩子们的意识里，父母的事本来就是最重要的事，即便父母冲自己发点牢骚和不满，也不应该用这种敷衍的态度对待父母的要求，最终还是得优先考虑父母的事情，把自己的事情和感情往后放。但当无力解决父母面临的困难的时候，内心又会产生一种无力感、负罪感和自我否定感。

健一的父亲就是一个典型的社会人（不着家的人），工作的时候早出晚归；休息的时候无所事事，到处闲逛；工作不顺的时候，就找茬闹事，借题发挥。母亲问了一句晚饭想吃什么，父亲就大发雷霆，嫌母亲事太多，让他心烦。健一对这件事记忆深刻，在他心灵深处留下了深深的阴影。但说实在话，当时并不知道父母到底是怎么回事，只知道母亲对父亲意见很大。父亲什么家务都不会做，而且还闹出了那么多的是是非非，有那么多的缺点，动辄就说"我的人生太失败

了"，"如果我不这样做的话……如果我要选择那条路的话……"，全是些对人生的不满，整天怨声载道，满腹牢骚，健一从小到大对父亲的记忆几乎就是这些内容。

健一是独生子，没有第二个人能替他"分担"这些事，只能一个人承受。与其说是被强制地承担这些事，还不如说是无奈地充当了父母抱怨声音的倾听者、痛苦沮丧的抚慰者。这种角色在他还是小学生的时候就开始承担了，确实令人心酸。但时不时地会有人夸他，"健一这孩子，真懂事"，这对母亲来说，应该算是一种安慰了吧。健一大学毕业以后，为了照顾母亲方便，把工作地点选在了老家，不管有什么事情，母亲还是会打电话给他，不停地发牢骚。

在这种背景下成长起来的健一，恋爱中继续扮演了"救助者"的角色，换句话说，只有恋爱关系而没有救助关系，对健一来说好像是不可接受的事情。母亲是他所认识的女性的第一个原型，也是他心目中女性的基本代表和象征。由于他对母亲的特殊感情和认识，所以，他会认为女性都是应该被拯救的，这在健一心中已经内化成了一种概念，即母亲（女性）是烦恼和痛苦的，所以当和女友在一起的时候，会把母亲的影子投射在女友身上，会认为女友也是烦恼、痛苦和可怜的，自己一定要拯救她，拯救她就是拯救母亲，让她幸福就是让母亲幸福。

从真正意义上来说，只要健一不从母亲那里分离、独立出来，他的恋爱和结婚，他和女性的接触和交往都会受到母亲的影响。在健一的脑海中一直存有"帮助对方的"的想法，其实潜意识里都是在帮助他的母亲。健一是太想拯救自己的母亲了，恋人只不过是被当成了母亲的替代而已，这种意识一直存在于健一的脑海里，而且是不达目的誓不罢休。

以上以健一的故事为例，对"儿子与母亲"的关系做了详细的说明，当然还有"女儿与母亲""女儿与父亲""儿子与父亲"等其他类型的关系存在，总之孩子成了父母战争的受害者、负面情绪的承受者、怜悯父母的安慰者、调和矛盾的建议者，被塑造成了一个担任家庭"救赎任务"的畸形角色。

早熟儿童——没有得到快乐童年的孩子们

"早熟儿童"这个概念已经很普及了。这些所谓的"早熟儿童"往往都有一个不健全的家庭，他们的父母不是酗酒就是赌博，不是打骂就是吵架，总之有很多很多的问题，这些孩子长期生活在这种家庭氛围中，目睹了太多不和谐不健康的事情，内心积压了太多的苦痛和愤懑，长大后会慢慢形成自我否定感（自己不被人爱，是没有价值的人等等）和对他人过度迁就、过度适应（不说话的时候，会过分在意他人的眼色）的特征，前面列举的相互依赖症者就有这些特征。

出生在一个不健康的家庭里面确实是很件悲催的事，但问题是谁又能自主选择自己的出身呢。其实，无论出生在什么样的家庭里面，都会有这样那样的一些问题存在，这是毫无疑问的。从某种意义上来说，无论什么样的家庭都有造就"早熟儿童"的可能，而有问题的家庭也未必一定会出现"早熟儿童"。但实事求是地说，"早熟儿童"还是比较容易在不良的家庭环境中形成，比如父母酗酒、吸毒、赌博等等，家长有这些行为就很容易把孩子培养成"早熟儿童"。另一种情况是父母只顾工作，拼命赚钱，结果忽视了孩子身心的健康成长。人们可能只看到了这样的家庭外表很光鲜，老公很有本事，家庭殷实富裕等等，但内部的实际情况又怎样呢？这种外表看起来光鲜但内部问题不少的家庭出现"早熟儿童"更是司空见惯，孩子在这种问题家庭里一般学不到健康的科学的情感交流表达方式，相反却很容易学会一些偏激的情感表达方式，这对孩子长大后的婚姻恋爱生活影响是很大的。

从"角色"和"适应"模式的角度来理解上述现象可能会更容易一些，一个家庭当中，父母之间的"战争"没完没了，家庭成员即便是想维持一种简单的生存都是一件不太容易的事，孩子必须要求得一种生存下去的方法、要寻求使自己的欲望获得满足的方法，就必须要学会以某种角色或某种行为模式来适应这种家庭氛围。

"早熟儿童"在家庭中的角色是各式各样的。第一种是"英雄"角色，扮演这种角色的孩子在学校里表现得还不错，学业成绩、为人处世都尚可，在学校的环境里也有一种荣誉感和自豪感，但一回到家就不行了，因为家里弥漫着一股硝烟的味道，没有丝毫温馨幸福的感觉。

第二种是"吉祥物"角色，把自己

"早熟儿童"往往都有一个不健全的家庭，父母不是酗酒就是赌博，不是打骂就是吵架；孩子长期生活在这种家庭氛围中，目睹了太多不和谐不健康的事情，内心积压了太多的苦痛和愤懑，长大后会慢慢形成自我否定感和对他人过度迁就、过度适应的特征。

变成家庭的一个"小丑",就想为缓和家庭的紧张气氛做点什么。但这会出现"照顾角色"的关系逆转,本来应该是父母照顾孩子,多为孩子的事情着想,现在成了孩子要替父母的事情着想,有的连吃饭这种事情都想着好好地照顾父母,向前面提到过的健一,默默地无奈地听任父母发牢骚,这就是一种"角色逆转"的照顾。

第三种是"问题儿童","问题儿童"表现为叛逆、不良行为、辍学等等

> "早熟儿童"的类型:"英雄"角色,在学校里表现得还不错,但一回到家就不行了;"吉祥物"角色,把自己变成家庭的一个"小丑",就想为缓和家庭的紧张气氛做点什么;"问题儿童",表现为叛逆、不良行为、辍学等等各种特征;"爸妈的小公主、小王子",在遇到爸妈关系不和的时候,会尽量压抑自己的欲望和感情,以此获得爸妈更多的爱。

各种特征,父母也知道多半是由于家庭原因给孩子造成了恶劣影响,所以也想尽力解决家庭的一些实际问题,搞好家庭关系,有时夫妻会共同合作,哪怕是一时性地改善夫妻关系,也会减轻对孩子的负面影响。

第四种是"爸妈的小公主、小王子",这种被溺爱型的孩子在遇到爸妈关系不和的时候,会尽量压抑自己的欲望和感情,希望父母的感情能更好一些,以此获得爸妈更多的爱。这种角色在家庭中应该说是非常适合的。但出了家门以后呢?抑或长大成人以后呢?如果还摆脱不了原有的角色习惯的话,会变得非常的容易受伤害,甚至会出现伤害自己的行为,尤其在恋爱中,为了充分扮演好恋人的角色,会给自己招来不少痛苦和烦恼。

第一种"英雄"角色最喜欢在恋人面前拼命地表现自己,但经

常是表演得过火，弄得自己很狼狈，最后弄巧成拙败下阵来。"吉祥物"角色未必会在恋人面前过分地表现什么，但对开朗幽默、机智诙谐的个性特征的展现还是不遗余力的，这种角色的最大问题是掩饰自己真实的欲望和要求，掩饰的结果不仅让自己举步维艰，而且会身心疲惫痛苦不堪，关键是回避了两个人之间的真实问题。"吉祥物"角色是个典型的照顾人的角色，当遇到一个很难缠的对象的时候，那就只能自己忍受了，其实对方未必需要什么特殊的照顾，干嘛非要煞费苦心去照顾对方呢！"问题儿童"型的人会故意制造事端，引起恋人的注意，这是最危险的一种。"爸妈的小公主、小王子"类型则是尽量压抑自己的欲望和感情，以充分满足对方的喜好、欲望和要求。

和父亲的关系反反复复时好时坏

来看一下"爸爸的小公主"的例子。例3的百合就是一个忍受着恋人暴力侵害的典型例子，她的情况可称之为"虐待连锁反应"，即对恋人或配偶实施的暴力的逆来顺受是受父亲曾经对母亲或家人施加的暴力影响所致。百合的父亲是个公务员，平常稳重且温顺，一旦发起脾气来就歇斯底里暴怒不止。平常父亲不爱说话，看上去是个温文尔雅的人，外人对他评价也不错。也许是在外面很压抑的缘故，回到家里经常因为一点点小事就大发雷霆，对妻子孩子实施暴力。看谁不顺眼，火紧跟着就上来，只要不按照他的想法去做，哪怕只是一件微不足道的小事，他也会不依不饶，发作到筋疲力尽为止。特别是喝了酒以后，暴怒的危险成倍增加。家人都非常注意，尽量不惹父亲生气，所以家里常常处于非常谨慎紧张的状态。百合的父亲还是个固执己见的人，认为作为女性就要典雅大方、文静贤淑，这是他对女性持有的固定信念，他最讨厌和男人一样自以为是、意气用事的女人，经常说职场女人很自大，电视里一出现职场女性形象，他就会发一顿牢骚。

百合就是在这样的教化下成长起来的（百合还有个哥哥，父亲对哥哥非常放任），父亲喝醉了的时候，总是围绕着"女人"的话题说个没完没了，一再唠叨女人的天职就是辅佐男人，女人一定要围着男人转，要绝对地服从男人等等。从上初中开始父亲就给女儿灌输这些思想，对父亲荒谬的主张，百合内心非常反感，但对于那个年龄阶段的百合来说，对父亲所说的话只能表现得言听计从，不敢有半点的违背。

父亲心情好的时候，是百合感觉最安全的时候，因为这时他发脾气的危险性最小。有时百合静下心来仔细想想，好像母亲也和父亲差不多，他们之间好像有些说不清道不明的盘根错节的纠葛，直到百合大学毕业，在这二十年的时间里，百合算是出色地完成了"爸爸的小公主"的角色。接下来百合发现和自己交往的那个男孩子的性格和父亲的性格一模一样（暴力倾向严重），平时也很内向，温文尔雅，但会因一点小事就大发雷霆，暴怒不止，满脑子里都是男尊女卑，什么事情都得听他的，他就是百合的上帝和主宰。百合感觉自己跟他的关系和跟父亲的关系是完全一样的，在他面前只能一味地听从指挥，从来不能有自己的意见,他说的话,他做的事,百合必须无条件地服从。只要一看到他不高兴了,百合的心就开始扑扑跳个不停,接下来就什么都不敢说不敢做了。

不可能得到爱——缺乏基本的自信心

　　心理学家艾瑞森在弗洛伊德精神分析理论的基础上提出了"渐成的自我发展理论","渐成"的意思是说在一个结构的基础上按顺序逐渐建立起几个层面的结构,依次层层建立的意思。艾瑞森说人在一生当中要经历八个发展阶段,掌握好前一个阶段的发展很重要(在每个阶段必须要解决那个阶段特有的问题和得到在那个阶段需要获得的东西),在一个阶段应该解决相应的问题而没有解决会导致"自我的不成熟",这种不成熟会给今后阶段的发展带来不利影响,无论到什么时候,这种影响都会持续的存在。八个发展阶段中的第一个阶段是"基本信任感或基本不信赖感"的建立阶段,所谓"基本信任感"是指对自己、对他人、对自身生存的这个世界是信赖的和有感情的,爱和喜悦等积极的情感体验是最基本的。相反,"基本不赖感"是指对自己、对他人、对这个世界根本就不相信。比如很讨厌某某人,对他不信任,这种对特定的人的不信任感是谁都会有的。但怀有"基本不信赖感"的人,对包括自己在内的世界上几乎所有的人都不信任,这就不是人人都有的倾向了。如果人在第一个阶段没有获得基本信任感的话,这就决定了这一生当中都无法获得基本信赖感,这种基本信赖感的缺失是终身的,是深层次的。基本信赖感是人从诞生的那一天起到一岁半左右时婴幼儿与抚养者（不一定是母亲）之间建立起来的积极的相互信任的关系，但有时也不限于婴幼儿期，幼年时代的父子关系、家庭关系也会对"基本信赖感"产生很大的影响，像前面说过的不健康家庭，孩子基本上都没有获得基本的信赖感。

> 人在一生当中要经历八个发展阶段，在一个阶段应该解决相应的问题而没有解决会导致"自我的不成熟"。

没有这种基本的信赖感的话，就无法尊重自己，无法客观地评价和承认自己，于是，"我是个没有价值的人""我是个很差劲的人""我不可能得到爱""如果不做点什么特别的事人家就不会爱我"（这四个想法往往相互关联）等等信念就会在深层心理中形成，就会有"这也是没办法的办法""虽然情况很不好，但也只能忍耐啊""睁只眼闭只眼吧"等等的想法，而且会有紧紧抓住对方不放的心态，只要感受到一点被对方拒绝的信号，就会有一种巨大的失落感、无助感或绝望感，甚至会有种被伤害的妄想出现，总觉得自己是真心真意爱着对方的，对眼前的事实无法理解和相信（也受基本不信赖感的影响）。

> "基本信任感"是指对自己、对他人、对自身生存的这个世界是信赖的和有感情的，爱和喜悦等积极的情感体验是最基本的。相反，"基本不信赖感"是指对自己、对他人、对这个世界根本就不相信。没有这种基本的信赖感的话，就无法尊重自己，无法客观地评价和承认自己。

之所以认为他人是无法信赖的，也与太过信赖他人有关，结果频遭厄运，吃了不少苦头，因此在以后的交往中，总是因信任问题忐忑不安。另外，由于对自己缺乏基本的信任感，总觉得自己没有被爱的价值，当遇到一点小挫折、小麻烦的时候，就认为找到了被拒绝被背叛的证据，从此便形成了从基本的不信赖感到怀疑一切的强烈的消极认知状态。对恋爱的态度也是一样，因为无法真正信赖一个人，所以在恋爱过程中总是抱有"恋爱这种事也是一样，开头是好的，最终一定是会背叛的""人家凭什么把温柔的爱倾注给自己呢，这是没有理由的"等等观念，不消除这些担心、失望、愤怒的消极情绪，就没法建立一个健康的恋爱关系。人的心理有种很有趣的现象，就是要去找足够的证据证明自己的信念是正确的，之所以要找这个对象，之所以要和对方谈恋爱，这个选择一定是有道理的，尽管很难说清具体的道理是什么，一旦有现象佐证的自己信念是正确的，就会很释然，终于放下心来。当然并不是说非要试图证明自己的信念是正确的，只不过是为自己的行为找个理由或借口而已。

认定自己再努力也得不到对方的认可

例2中的博子，为什么非得抓住那个"小白脸"不放呢？她的解释是没和别的类型的男人谈过恋爱，就喜欢"小白脸"，不喜欢那种凶巴巴、动辄就发脾气、颐指气使、凶神恶煞般的男人。但最后还是和"小白脸"分道扬镳了，原因是对对方产生了厌倦，又喜欢上了其他的男人。博子也承认不是这个"小白脸"不适合自己，是因为他没有好好地爱自己和珍惜自己，就因为这个原因，博子对他深感失望。博子的恋爱模式也遵循了一开始就是蜜月旅行的路线，认为对方一定会满足自己的一切，即便"小白脸"有那么多明显的问题，博子也是视而不见，且沾沾自喜得意忘形。她过多关注的是对方到底有多爱自己，为了不离开自己，对方都做了哪些努力，这是博子关注的重点。在确认对方是深爱着自己以后，接下来为对方洗衣做饭、打扫卫生、倾听心声、抚慰心灵，所有的一切都在所不辞，甚至连对方过分的任性都能接受，好像只有这样自己才有满足感，用博子的话来说，是可以全力付出，尽心尽力的。但是，经过两三个月的交往，不信任感逐渐产生了，"这人是不是已经不爱我了？"事实也说明他越来越忙，动不动就说这周不能见面了，因为明天有聚会，所以不好发短信，也不好打电话。一般的人不会想很多，但对博子来说，这是个很明显的"拒绝"和"见异思迁"的信号。

有趣的是，刚开始交往的时候，说这样的话不觉得有什么问题，但是几个月之后，即便是一点微不足道的小事也会被当作有负面价值的证据，这种事情时有发生。只在恋爱的初期有被爱的自信和真实感受，因为自身的原因（认为自己不可能会被爱），那种自信和真实感不会太长久，一遇到问题就会大打折扣。另外，自己还会到处寻找自己不应该被爱的证据，但自己是意识不到这一深层的心理机制的，反过来还会谴责对方：我都这么努力了，你却一点都不爱我，所有的原因都因你而起！

为什么博子会和这个"小白脸"持续那么长时间关系呢？这里面有博子的问题，她有一种潜意识里的安全感，"这个男人是不会离开我的"，因为自己在这场恋爱中付出的非常多，对方不应该会有任何的意见和不满。但随着时间和交往的递进，"说不定有一天会被他抛弃"的不安感会变得越发强烈，这时，自己开始揣测和对手的"博弈"关系，这也是无意识的，并不是处心积虑地想整治对方，主要是考量自己和对方的关系靠什么来维系，如果感觉自己比对方"略胜一筹"的话，那心情会好很多，也会很放心。如果相反的话，就会非常的紧张和不安，总是想逃避或断掉这种对自己不利的关系。越是基本信赖感欠缺，这样的倾向越强烈。博子为什么会对自己、对他人缺乏根本性的爱呢？实话实说，这与博子父母的"完美主义"有很大的关系。

"完美主义"类型的父母无论孩子多么努力，无论取得多么优异的成绩，还是会给孩子浇一盆冷水：做得还是不够好啊，离我们的要求还是有差距啊，等等，同时还会严厉指出孩子的缺点和不足，总说孩子这也不行，那也不行，给孩子一种灰暗的打击，传递出一种孩子很差的暗示。父母为了促进孩子的上进心，经常做出这样的事（这些父母认为这样做是为了孩子好），这种做法在心理方面对孩子的影响很大，比如，孩子会产生必须要努力，必须要实现更高的目标等等这种强迫的上进心，也会产生自我否定、自我藐视感，做任何事情都不会有幸福感，以上这些感受会慢慢形成一种综合的不幸感，充斥一生。"完美主义"父母的内心中都有种不断指责自己的意识和习惯，博子说自己之所以能进入好的大学，有好的工作，包括现在拥有的好职位，都是托父母的福，都是父母教育的结果，其实，这番言辞的背后多少还是有点讽刺和自嘲的味道的。

博子的父母都是教师，对博子就像老师对学生，从学习到生活可谓干预过细，事事都提出样板要求，不达要求决不罢休。用父母的话说，采取强制措施是为了孩子好，严教才能成才。但实际上他们是在一步步地在责难和逼迫孩子，让博子吃了不少苦。博子除了感恩和不能辜负父母的"期望"之外，其他什么要求都不能有，只能竭尽全力去实现父母为她规划的目标，但问题是这个目标实现了还有下一个目标在等着，这样一来，博子永远都没有承认自己和接纳自己的机会，她整天就期待着赶紧长大，认为长成大人了可能就不会再被别人要求、被人逼迫了。一直以来，博子的内心和表面是两种完全不同的状态，里冷外热让她有种虚伪感、自卑感甚至自我厌恶感。在博子的深层意识里面，自己总是被人发号施令强迫接受，她觉得这是一件非常可怕的事。正是在这种深层被动心理的影响下，在恋爱中她在对方身上也投射了自己父母的影子，即无论发生什么都会拿对方和她的父母相比较，总觉得他们非常的相像，所以，不管博子做出何样的努力，都会因无法得到对方的承认、理解和尊重而悲伤和愤怒，满脑子里装的都是害怕被对方抛弃的忐忑和不安。最后，她不得不终止恋爱，以保存内心仅有的那点安全感和平和感。

"完美主义"类型的父母无论孩子多么努力，还是会给孩子浇一盆冷水；同时还会严厉指出孩子的缺点和不足。这种做法会使孩子产生自我否定、自我藐视感，做任何事情都不会有幸福感，以上这些感受会慢慢形成一种综合的不幸感，充斥一生。

童年创伤性的经历会给人造成巨大的影响

从以上"分离、独立""早熟的儿童与生命传承""基本的信赖感"等视角来看,相互依赖的恋爱关系就是这些因素综合在一起产生的。比如出生在不健康的家庭里的孩子容易产生"分离和独立"的失败,基本信赖感的获得也会变得相对困难,所以说家庭关系对孩子心理健康的影响是巨大的,这是不争的事实,当然还有其他的因素也会影响心理健康,比如过去的恋爱经验。即使父子关系融洽,基本的信赖感和"分离独立"都正常,对本人也没有什么负面的作用或影响,但强烈的个体经验也会改变人的观念或态度,也能扭曲一个人的价值观。坦白地说,假如第一次恋爱就被对方无情地抛弃或背叛,虽然认为彼此一开始的爱是真诚的、真实的,但假如发现了对方一直有第三者,一段自己心目中美满的爱情就这么悲惨地结束了,这种事情对本人(尤其是女性)打击是非常大的,会给今后的人生乃至心理都留下重重的阴影。这种经历,可以从根本上改变一个人之前人生中积累的很多东西,包括如何看人,如何做事,如何对待感情,等等。在人的一生中,在儿童成长时期积累的经验当然是影响个体心理发展的主要因素,但成年后一次强烈的创伤性的经历给人带来的影响也是灾难性的。

> 在人的一生中,在儿童成长时期积累的经验是影响个体心理发展的主要因素,但成年后一次强烈的创伤性的经历给人带来的影响也是灾难性的。

解决问题的三个关键词

实话实说,从根本上治疗相互依赖症是很难的,要经历相当长的一段过程。本书和其他相关书籍一样,都在试图理解和尊重客观事实的基础上尽量做出科学的分析。从心理治疗和心理支持的角度来看,解决这类问题是非常必要的,但确实要有一个长期的思想准备,如果仅限于摆脱"相互依赖的恋爱"问题的话,以下三个关键词是非常重要的,希望大家要牢牢记住。自己改变了,痛苦也就一点点地摆脱了,也就踏上了幸福的征程。

稳定

经常会有人问:"性格是可以改变的吗?"答案无疑是肯定的。大概在青春期之前,性格的基础部分已基本形成,随着年龄的增加,性格会越来越趋于稳定,这是事实。但不管到了什么年纪,要说性格就不再改变了,这是不对的。实际情况是性格是随人的一生在不断改变的,只是变化大小的不同和自己能不能意识得到的问题。生活中有些人想改变自己的性格,但大部分人还是认为性格是不可改变的,大家宁肯相信这样一句话:江山易改,本性难移,这个"本性"多半指的就是性格。

到底什么是性格呢?所谓性格是指人所具有的一种习惯化了的行为方式,人都是以自己特有的习惯化了的行为方式支配着自己的生活,即便自己的行为方式有这样或那样的问题,但还是一直"坚持"

了下来，尽管过程当中会有很多的不如意。其实，多数人对其他的行为方式是不了解的，也害怕尝试其他（别人）的行为方式，毕竟是自己不熟悉的，因此，人在深层心理层面是不愿主动改变自己性格的，主要是担心一旦尝试改变就会有很多的不可预知的后果，这是最可怕的。所以有改变想法的同时也有抗拒改变的心理，心里会想：都这个岁数了，还有改变的必要吗？改变是件很难的事，也很危险，还是算了吧，就这样凑合着过吧。

陷入相互依赖恋爱模式的人，也有同样的担忧，既想摆脱这种恋爱模式又无力挣脱，总认为改变这一切太难了。于是，结论就出来了，从深层心理层面来讲，相互依赖恋爱模式的人本身就不想逃出这种模式，因为缺乏对其他恋爱模式的了解，只有一种恋爱模式的体验，这就造成了即便知道自己的模式有问题，又由于不了解其他模式好在哪里，所以，不敢贸然对自己的问题进行修正。这些人对于自己和父母的关系、成长过程中的家庭关系以及自己的恋爱关系，冷暖自知，正是因为了解和熟悉这些关系，所以继续延续这种关系模式是驾轻就熟的，甚至会倍感放心，就算在这种不健康的模式中生活下去，也比尝试完全不熟悉的模式更让他们觉得安心和放心，这点想必大家是能理解的。

如果从旁人的角度来看待这个问题的话，可能会不好理解，因为那些"安全"和"放心"都太表面化了，都是些形式上的东西，为什么放着好的模式不去借鉴，非得抓着这种不健康的东西不放呢。

从简单意义上来说，没有人真正喜欢这种不健康的模式，能脱离的话都想脱离，但在深层心理层面，问题很复杂。人对习惯化了的行为及交往方式都有依赖性，这种依赖性会让人在改变面前望而却步，因为改变带来的是不稳定，会让人有种不安全感。比如自己有些事做错了或做得不周到，难免

> 性格是指人所具有的一种习惯化了的行为方式。人都是以自己特有的习惯化了的行为方式支配着自己的生活，即便有这样或那样的问题。

会受人诟病抑或批评指责，这时自己首先想到的不是改变，而是这事如果不发生就好了，因此，人都有一种延续稳定习惯的渴求。作为深陷相互依赖的恋爱模式中的人来讲，并非希望恋爱的过程如此艰辛痛苦，但恋爱的过程却吻合了自己很多的内心需求，因此反倒认为这种模式对自己来说是比较适合的。既承认恋爱是痛苦的，但又觉得自己"离不开"这种痛苦，所有这一切都是从承认事实开始的。

再挑战

例4的健一想救助的并不是"烦恼痛苦的恋人"，而是"烦恼痛苦的母亲"，和恋人的关系再现了儿童时代和母亲的关系，想"拯救"的恋人实际上象征着自己的母亲，而且下定决心，一定要好好地拯救她，以充分证明自己的能力和价值。由于小的时候没有能力救母亲，所以，在内心中留下了无力感和罪恶感的阴影。就是为了克服这个阴影，在遇到"烦恼痛苦的恋人"的时候，小时候的那些不愉快的场景又重现眼前，所以，他一定要抓住这次机会拯救她，

> 人对习惯化了的行为及交往方式都有依赖性,这种依赖性会让人在改变面前望而却步,因为改变带来的是不稳定,会让人有种不安感。

而且一定要成功。以此来治愈自己儿时内心的伤痕。

心理学将这种想要再现过去场景(特别是孩提时期的亲子关系)的强烈欲望命名为"反复强迫",想把过去的事情重新开始一遍,用正确的方式解决过去的错误,来一次"再挑战"。当然,谁都会有"再挑战"的愿望,但在相互依赖症者这儿,由于心灵的创伤很严重,所以这种欲望可以说特别的强烈,总有种过去的事没有做完的感觉,还有种说法叫"未完成的工作";为了完成"未完成的工作",便特意选择和小时候"折磨"过自己的父母很相似的对象,或和过去曾经给自己带来过痛苦的恋人很相似的对象。比如,有一位女性,她的父亲有酒精依赖症,因父亲的酒精依赖问题,整个家庭陷了入一种混乱的状态,本来她应该能得到正常的父爱,但在这种特殊的家庭环境中,父爱成了一种奢望。这时,这个女人最希望的是什么呢?毫无疑问,肯定是希望父亲

> 心理学将想要再现过去场景(特别是孩提时期的亲子关系)的强烈欲望命名为"反复强迫",想把过去的事情重新开始一遍,用正确的方式解决过去的错误,来一次"再挑战"。

放弃对酒的依赖,希望家庭和谐太平,自己能得到正常的父爱。所以,她天天盼望着父亲有这样的态度:"真是对不起大家,爸爸一定不再喝了!从现在开始,我们家开始变得幸福了!"她特别想要父亲这样的态度和表达,这成了她人生的渴望和追求,甚至想通过自己的努力

来实现这个目的。为了实现心中的这个愿望，在选择对象的问题上，光"好人"是不行的，必须是和父亲相似的人，这样才能实现她内心一直想要完成的目标。所以，对某些相互依赖症者来说，要想摆脱心理的误区，放弃"再挑战"是最明智的选择。

幸福的上限

大家怎样看待"无法忍受的幸福"这个概念呢？认同者与不认同者是两种完全不同类型的人。认同的人会觉得人都得承受不同程度的不幸，但不一定会享受不同程度的幸福，换句话说，就是认为有的人会一生没有幸福可言。而不认同这个概念的人认为幸福就是幸福，不幸就是不幸，不存在既是幸福的，又是无法忍受的。前者经常在快乐的时刻内心会突然涌现出一丝不快的感受，会质疑刚才快乐的感受到哪里去了！比如，在酒席上与亲人朋友愉快嬉闹的瞬间会想，要是整天这样就好了，一旦席终人散快乐就结束了！想到这里心情就会大受影响。再就是和恋人快乐约会的时候也会想，这样的幸福能持续到何时呢？为什么在自己的恋爱中这种好心情就少得可怜呢！

亨德里克斯和汉德瑞克所著的《有意识的爱：共同承诺的旅程》(Conscious Loving : The Journey to Co-commitment)中写道：幸福感的增加不是无止境的，一旦超越了极限就会有反作用，这就是所谓的"幸福上限"。相互依赖症者的"幸福上限"普遍较低，这是因为他们的自我否定感强烈，从来不敢期待什么幸福，对自己怀有一种不信任感，甚至是自虐或自我惩罚心理，所以在他们身上会经常发生亲手

> 相互依赖症者的"幸福上限"普遍较低，这是因为他们的自我否定感强烈，从来不敢期待什么幸福，对自己怀有一种不信任感，甚至是自虐或自我惩罚心理。

毁掉恋爱或婚姻的事情。他们会有种奇怪的认识，即痛苦的恋爱就等于幸福的爱情，无论是小说、戏剧还是电影、电视剧等等，他们都特别关注里面的"痛苦爱情"，并在其中寻找快乐，他们是些典型的悲情主义者。特别是女性，无论遭受多么大的委屈甚至是虐待，她们都会竭尽全力地去爱，去奉献，女性这种唯美的美德也许是与生俱来、根深蒂固，但"悲情主义"女性却会陷入不幸爱情的深渊，有时会长久地待在那里，既无力自拔，其实也未必真想出来，因为这种恋爱会满足她们"悲情主义"的需求。

是不是自己真的就那么甘愿受虐呢？再细致地考虑一下，结果会发现自己长久以来一直在迎合和适应这种状态，一直认为自己就是得不到幸福的人，甚至说白了自己就不应该得到幸福。为什么自己变得幸福就不行呢？！一定要仔细考虑一下这个问题。从旁人角度来看，这是一个很奇怪的问题，没有任何的理由和根据。但毕竟不能把别人的意识和价值观强加给他们，他们产生这样的想法一定有他们的原因，估计应该与他们长期地封闭自己而形成的自我压抑有关吧。千万不能再输给这些东西了，不要在这些看不清的问题上再栽跟头了。

你想变得幸福吗？那你就对自己大声地说："我就是要幸福！"

即使是自己一个人也要幸福，无论经历过多少的坎坷抑或过错和失误，都要学会原谅自己。虽然不知道你现在的具体状况，但是，绝对到不了不可救药的程度，这是肯定的!

第三章

回避依赖

——无力面对幸福的人

吸引相互依赖症的人

"我有五个恋人哦。"他自诩道。

"她们彼此是知道的,但又能怎样,只要我一个电话说很想见她们,她们马上就会飞奔过来。"

他 27 岁,公司职员,外表确实很不错,但也不是帅到什么了不起的程度,属于中上等。他属于普通工薪族,身上却有一种很特殊的气质,对女性有一种超强的吸引力,可以说有绝对的"女人缘",我能清楚地感觉到他是这种类型的人。

那是在朋友举办的一场舞会上,我们坐在一起闲聊了起来。

"这五个人当中,就没有一个你真正喜欢的吗?"

"没有,我不会真正喜欢她们其中的任何一个,也可能我有点清高自大。"

"就算看起来相对比较喜欢的，也没有吗？这样你不觉得挺乏味挺没意思的吗？"

"倒没觉得乏味，我是非常讨厌那种粘人的女孩子的，动不动就想约束你，我最讨厌这样的女孩了。愿意在一起，就好好相处，不愿在一起就分开，这样多好呢。结果完全不是这个样子，她们都喜欢粘着我，所以，这种女孩子再好我也不想要！"

"现在的女孩子能对男孩子如此重情重义，不是很难得吗？"

"可不是这么回事，这种女人太多了，我一直在琢磨，为什么我会这么招这种任性的女孩子喜欢呢？朋友们说我要么是天才要么是魔鬼。我有点搞不懂，我到底是天才呢还是魔鬼呢？总之，我周围尽是些这样的女孩子，我挺烦的。"

看似谦虚的说辞彰显着他的得意和张扬，说实在话，对这种人我是很反感的，即使对这类事情感兴趣，但由于对这种人的排斥，我还是迅速地离开了。

本章着重探讨成为相互依赖症者的恋爱对象（深受相互依赖症者的吸引，愿意与其黏在一起，但结果却是相互折磨）的人们的行为模式和深层心理。

"和他这样继续下去的话会很痛苦，但如果他不在了的话，会不会更痛苦呢。"我经常听到找我咨询的女性说这种话，这都是她们发自内心的声音，不能不引起特别的重视。

本章将以被折磨的一方（相互依赖倾向严重的人）为女性、折磨人的一方为男性的这样一种模式来叙述，因为在现实生活中，男性往往是施害者，当然并不是说女性就一定是受害者，但从大量的实际情况来看，在相互依赖的恋爱关系中，男性加害、女性受害的这种情况是十分普遍的，反之女性伤害男性的情况也会有，但属于极个别的情况，虽也在我们的关注范围之内，但毕竟数量极其有限，所以不是本书关注的重点。

总是支配对方——独裁者

【例5】

和宏（35岁，公司职员）

"要早知道他是这么差劲的人的话，我是不会和他结婚的。"刚结婚两年，和宏的妻子就一天到晚地唠叨这句话，叹息声中夹杂着抱怨，对丈夫的愤怒已经到了无法忍受的程度，心里非常后悔，而且也非常恨自己，只能对挚友们大倒苦水。

丈夫和宏是个非常主观且极端自以为是的人，不管什么时候，无论做什么事，只按自己的意志行事，从来不考虑她的想法和感受。比如，不经意的时候，和宏会很随便地用手指在电视机上面轻轻地一划，手指尖上稍微沾点尘土，就煞有介事地冲着妻子嚷："这是什么？你好好地打扫卫生了吗？"本来妻子心情挺好的，他的一顿吹毛求疵的指责，让本来挺好的气氛顿时烟消云散。有时他还会请来财务审计师，对家庭的财务状况进行详细的检查，妻子觉得这事挺可笑，连自己的妻子都信不过，也有点太过分了吧。丈夫和宏却煞有介事地指责她说，因为个别的开支有浪费的倾向，所以，要进行财务审计。其实平时妻子就是好在楼下的小超市里买袋牛奶（比超市里贵 10 日元左右，约合人民币五角钱）什么的不值钱的东西，从来没有大手大脚花钱买东西的习惯。诸如此类令丈夫不放心的事情多了去了，像打扫卫生的方法，饭菜的制作方法，具体到该怎么个吃法，和朋友的交往方法，等等，什么东西他都要管，而且事无巨细。用妻子的话来说，除了他自己，没有能让他放心的人和事情。由于他的"细心"，搞得一家人心情都很糟糕，几乎就没有安宁的时候。起初认为他只是神经质而已，后来发现根本不是那么回事，是因为他的眼睛光盯着别人，自己永远都是对的，即便错了也不会承认，别人永远都是错的。而且，他自己什么也不做，什么也不会做，就知道发牢骚。不管妻子做什么、说什么，结果都是错的，都是有问题的。如果妻子要争辩的话，那麻烦就更大了，会招来一场激烈的家庭战争，最后的结果是家里所有能砸的东西都会摔得粉碎（他倒不直接对妻子实施暴力，而是摔桌子砸板凳），之后便是喝酒生闷气，在妻子开口主动和他说话之前，他是绝对不会先张口和妻子说话的，他能永远地保持沉默。

和宏的妻子说，在结婚之前也有过这种情况，但不是很常见。他常说：这事必须得听他的，必须得这样做那样做，很少征求和尊重妻子的意见，一旦妻子有不同的意见（别说是相反意见了），他就会变得非常烦躁，好像是受到了伤害一样，一点都不能接受。他也从来不替别人考虑，从不关心别人的感受，只按自己的意志行事。那时，她误以为这就是大丈夫气概，很有男人味道，以后他一定会很好地对待自己。和宏比她大五岁，她觉得和宏应该比自己知道得多，了解得多，知识面也广，会给自己更多的指导和帮助，现在完全明白了，这些认识都是错的，她非常后悔，而且觉得自己很愚蠢。

难道到死为止都一直是这个样子了吗？一想到这她就非常的绝望，孩子也有同样的感受。索性离婚吧！也很难，毕竟离婚不是一件小事，她太清楚了。

对方（也许是你自己）有没有下面这些倾向呢？或许你从来都没注意过，那就检查一下吧。

检查点

☐ 什么事都不合他的心意，心里总觉得不舒畅。

☐ "好，就这样做"，经常用命令的口吻说话（很少用建议的口吻）。

☐ 别人稍微有点否定他的意见或行为，马上就会发怒或沉默。

☐ 经常埋怨别人，不是这个人不行，就是那个人不行。

☐ 你的行动常被他监视。

☐ 如果你想做点什么事，他总是说"不行！"，或者说"还是别干的好"，对你的行为横加干涉和阻止。

☐ 常说"不听我的话，你会吃苦头的"这样的话。

☐ 常有"身体暴力"或"精神暴力"（精神虐待、人格侮辱）事件发生。

☐ 无论大事小事，不管什么时候都认为自己是正确的。

☐ 做什么都必须得到他的许可。

自己永远高高在上，其他人都在自己之下，永远不想被别人支配，这是典型的"独裁者"类型。这种人总觉得自己是正确的，别人都是错误的，如果有问题的话，肯定是对方或其他人的问题，别人都是他手中的木偶，只能被他掌控和操纵。"独裁者"类型的人也称为"权力依赖症"者，希特勒就是典型的例子，无限地追求权力，以最大限度支配他人为乐趣，如果不行使支配他人的权力，心里就会很不安。有些政治家和官僚也是这个类型，是那种极端的个人主义者，以支配百姓或员工为乐趣，对权力过分地热衷和喜爱。如果恋人或配偶是"独裁者"类型的话，就表现为对另一方过分行使支配和控制的权力，严重的会发展成暴力行为。

"独裁者"对"权力"的运用一般表现为两个方面，一种是肢体暴力，另一种是精神暴力。肢体暴力很清楚，就是对人的身体进行伤害，这是一种为控制和支配对方而采取的非常恶劣的行为。被施暴者多为女性，因为害怕被施以暴力，所以不得不被动遵从施暴者的意愿，"受虐妇女综合征"（battered woman syndrome）这一名称和概念也由此而产生。日本兵库县尼崎市2011年对全市的一项家庭

> 自己永远高高在上，其他人都在自己之下，永远不想被别人支配，这是典型的"独裁者"类型，也称为"权力依赖症"者。

关系调查显示，约有五分之一的女性受到丈夫的暴力伤害。另有一份英国的报告显示，在英国英格兰附近的一个小村镇，连续几年平均每三天有一名妇女被杀害，残害妇女的行为到了令人发指的程度。当然，包括精神暴力在内的各种家庭暴力，男性成为受害者的事也是屡见不鲜，但从造成身体伤害的程度来看，男性受害与女性受害在性质和数量上绝对不属同一个层面，女性受害者的数量比起男性来说绝对是压倒性的，不可同日而语。

精神暴力主要是通过语言和情感给人以精神上的伤害，有的还会暗示以肢体暴力恫吓对方；有的会用分手、不给生活费、不承担家庭责任等等做法来刺激和伤害对方；还有的用人格侮辱的方法来羞辱对方，"你连这样的事都不会做吗！""你连这种事都不知道吗！""你简直就是个白痴！""说什么也没用，你就是个笨蛋！""实在拿你没办法，狗熊他妈是怎么死的！"等等，用这种侮辱性的语言贬低对方。被虐待的一方会无意识地形成"自己真的就是不行！""都是自己不好！"等等自我否定感。而对于"独裁者"类型的人来说，这正是他们的目的，他们通过给对方造成"自己是什么也不懂、什么也不会、什么也不知道的人，自然要接受对方的支配"这种被动意识来确定自己"独裁者"的支配权。

也有的精神暴力不表现在语言上，而是用沉默的手段达成，对方不听自己的话，做不合自己心意的事，就用沉默表示对抗和否定，当然会同时报以愤怒的姿态和冷酷的表情，意思就是告诉对方"我在生气！"女性和男性比较起来，女性很少有这种"沉默"的习惯。如果大家留意一下在公共场所的男男女女，就会发现一个有趣的现象，当一对男女在闹矛盾的时候，多半是女人在诉说、在争辩、在说理，而男人多半是在回避、在沉默、在生闷气，因此，男性惯有的"沉默"成了给女性造成精神伤害的最常见的手段之一。总之，"独裁者"会采取各种办法来掌握和控制对方，以达到行使权力、支配对方的目的。不管什么时候，无论对方想干什么，最后的结果一定是"独裁者"得支配对方，对方只能按"独裁者"的意志行事。

利用对方的自责感——压榨者

【例6】

雅人（32岁，公司职员）

"我的男友不是'小白脸'那种类型的男人，有正常的工作，收入一般吧，但是能说会道。也许我是个傻瓜，我也知道他好像是在利用我。约会的时候，吃饭花钱全是我付，一次数千日元，他还不时地跟我借一些钱，到现在还没还给我。我的工资收入也很一般，我们年龄也差不多，我知道要跟他结婚的话肯定会有不少的矛盾出现，到现在我也拿不准，和这样的人走进婚姻，会不会有什么危险？"

有一次，我在一个企业做讲座。空余时间，一个女孩子找我咨询，从她介绍的情况来看，所遭受的伤害比前述的"独裁者"的情况要轻微得多，只是被恋人巧妙地利用和榨取了一番，这种情况在现实生活中也不少见。当事人非常烦恼，对方不拿她当外人，更不拿自己当外人，"你的也是我的，我的也是我的"。女孩实在拿他没办法，但又确实挺喜欢他，不知道该怎样保持这份关系。她自己心里也明白，确实是被他利用着，但又不是完全被骗的感觉，程度还没那么严重，应该说他也不是有意在骗自己，只是性格上有些大大咧咧的，所以也就没太跟他计较。

殊不知，这种"不拿别人当外人，也不拿自己当外人"的人其实很有问题。这种人看上去挺豁达开朗的，实则是控制欲很强的一种人，表面上看似很讲义气，很哥们，只要稍不如他的意，那后果往往是非常严重的。

女孩说从三年前开始，她就交往了这个叫雅人的男朋友，两人是在一次联谊会上邂逅相识的，一开始也没有对他有什么特别的好感，只是感觉他很会说话，挺有趣的。第一次他就邀请女孩吃饭，女孩没有推辞，交往就这么开始了。雅人一开始给她的感觉非常好，两个人经常坐在一起一边长谈，一边小饮，非常惬意，女孩非常喜欢这种感觉。

"不好意思，明天卡上要扣钱了，余额倒还够了，但扣了钱就一点零花钱也没有了，能借给我两万来块钱吗？"

"我觉得这事挺为难的，你先前借的我那五千块还没还呢。"

"绝对会还你的,你放心就是了,没问题的,这样,就两万,行吗?"

"不是行不行的问题,问题在于你为什么不好好地计划呢?"

> "不拿别人当外人,也不拿自己当外人"的人看上去挺豁达开朗,实则控制欲很强;表面上看似很讲义气,只要稍不如他的意,后果往往非常严重。

"公司同事经常聚会,花销比较大,这都是没办法的事啦,和人打交道必须得去应酬的,这你明白的,是吧。"

"虽然明白,但……"

……(沉默)"如果不借我的话,生活会受很大的影响,不行我就再出去打份工吧。"

"公司不是不允许再在外面打工吗?"

"虽然禁止,但是没有办法啊,你又不借给我,房租啦,伙食费啦,怎么办呢?"

"知道了,那就借给你吧,你一定要在下个月还给我,连同上次那五千元一起还给我。"

"好的,没问题,你放心就是啦,谢谢!万分感谢!"

看了以上的对话,人们不会发现有什么太大的问题,其实这只是表面现象而已,问题是钱到手以后,雅人就开始张罗着请客吃饭,带着女朋友四处游玩,寻欢作乐,只要他得到了想要的一切,还钱的责任和义务就抛到九霄云外去了。

检查点

☐ 不尊重别人的要求,却反过来对别人有各种各样的要求。

☐ 只有求人的时候才会变得态度友好和善。

☐ 令自己有种被利用的困顿和烦恼。

☐ 想出去和朋友聚会的时候就会和颜悦色,一旦要求被拒绝了就会不高兴甚至是动怒,前后的态度反差巨大。

☐ 即便最终不得已而接受别人的要求,也会很不情愿,不停地发牢骚,责怪声不断。

☐ 令人强烈地感觉到像孩子般的任性。

"独裁者"主要是对别人行使支配权力,"压榨者"是最大限度地利用别人,乍一看,两者似乎有些相似,其实有很大差异。"压榨者"是从对方那里把实际的利益榨取出来,相比支配对方的话,应该说利益的考量要多一些,而"独裁者"对利益的需求未必那么重,追求的目标主要是自我的满足和心理愉悦。

如果对方不满足他的要求的话,"压榨者"会采取非常巧妙的手段,一面提示只是单纯地借点钱,就这么简单的一点要求,但另一句话可能会说,要是不借的话,两个人的关系就算了吧,意思是连这点忙都不肯帮,还交什么朋友呢。用这种并非严重的肢体或精神暴力而是一种典型的软暴力手段加以威胁,这其实是利用了自己和对方的特殊关系所建立起来的情感信赖,抓住了对方对其有依赖和信任感的心理弱点。苏珊·福沃德博士把这一手段描述为"心理恐吓手段"(见苏珊·福沃德所著《情感敲诈》[*Emotional Blackmail*])。

下面列举几个例子。

"如果你认为对我还有感情的话,那就应该帮帮我,这说明你是真的爱我","我认为是这样的,真的爱我就不可能不帮我!"这种语言带有明显的暗示性,暗示对方只要不按他说的做就是对他的背叛。有时也会用另外一种语言威胁对方,"你必须得按我说的去做,否则就说明你对我的爱是假的,那咱们的关系就到此为止吧!"佯装一副受委屈的样子,其实是在威胁对方,如果不按他说的去做,对方就会受到惩罚。还有的会说:假如不借给他钱的话,那他就走投无路了,他们的关系会因对方的不珍惜而受到严重影响。虽然没有直接威胁对方,但其实也是一种讹诈,是想激起对方的自责感或负罪感,以达到屈从他意愿的目的。

"为什么我的一切是那么的不顺,到底我该怎么办才好呢?"这种话乍一听好像是在叹息着自己的不幸,其实是在给对方施加无声的压力,潜台词是:"我都这样了,你还不帮帮我!"摆出一副烦恼、痛苦、无奈又无助的样子来诱发对方的自责感、负罪感,以期赢得对方的同情抑或怜悯。谁遇到这种情况也不可能不动恻隐之心,至少会考虑应该为他做点什么,即便是十分的不情愿,也不能置之不管,稍作一番思忖之后,还是会基本上满足他的要求,"这样吧,钱的问题

对"压榨者"来说,无论对方多么努力,都挡不住他无休止的纠缠和要求,即便一次次地满足了他,也休想真正得到他的理解、尊重和认可,回报就更谈不上了。

我会想办法,这样你能轻松一点了吗?"最后这句话正是他想要的。接下来"救助行动"从此就拉开了序幕,因为,他的烦恼和痛苦是不会停止的,一生都不会结束。作为恋人抑或配偶来说,为了帮助他就只能持续地进行"救助行动"了。

像"只要你听我的话,按我的要求去做,一切都会顺利的"这样的说法既像是"安慰剂",又像是语言"奖赏",天天"犒劳"给妻子,表面上完全没有威胁的意思,但内里却充满了狡诈。比如男人出轨了,被对方发现了,接下来的说法几乎是如出一辙,"仅仅一次出轨算什么?你有点包容心好不好,假如你心胸宽广一点的话,一切都可以恢复原来的样子",意思反倒成了因为妻子的心胸不够宽广,整天揪着男人出轨这点破事"无理取闹",才造成了男人的不断出轨。

"压榨者"是利用别人的一方(利用方),相对应的自然是被榨取和被利用的一方。利用方的愿望无疑是必须要得到满足的,否则怎么能称得上是"利用方"呢,被利用方不是没有愿望,而是愿望很少被尊重、被满足,所以才叫"被利用的一方"。利用方得到的利益远远大于被利用方,但利用方也不是一直在节节取胜,有时利用方也会成为失去利益的一方,这种不平衡的婚恋关系和健康平等的婚恋关系有着很大的不同,健康平等的婚恋关系是互相给予,相互满足,相互需要,互相支持,得失大致是平衡的。

对"压榨者"来说,无论对方多么努力,都挡不住他无休止的纠缠和要求,即便一次次地满足了他,也休想真正得到他的理解、尊重和认可,回报就更谈不上了,以至于满足他的要求成了顺理成章的事情,对方在他这里唯一能得到的，充其量是一时的徒有其表的爱和温柔。

把自己的意愿强加给别人——超级自恋者

【例7】

隆二（20岁，学生）

"实话实说，这件衣服不太适合你，至少我是不太喜欢。"

作为恋人的隆二就这么直言不讳，令女友十分羞涩尴尬。"他怎么能说出这么过分的话呢！"女友非常的气愤。

隆二确实长得很帅，穿着打扮也很得体，喜欢听音乐、看书，朋友们都视与他的交往为一种荣耀。但对于女友来说，感觉就大不相同了，她觉得他很过分，自己只是在扮演着一个看上去和他很默契的女友角色而已。她觉得自己很累，从开始交往到现在，还不到一个月的时间，她就深深地感到，什么事都得听他的，甚至连穿衣打扮都得按他的意图来进行。当然，有时他说的确实也没错，但不管怎么说也应该多少考虑一下女友的感受和心情吧，这事放到谁身上，也不可能让一个人完全放弃自己的主见，去依从另一个人所有的要求吧。

但回头想想，即便如此，只要能得到他的一点点安慰也就知足了，尽管偶尔会受到一些惊吓，但要能一直保持一种轻松快乐的心情就好了，比如他真的能像个可爱的洋娃娃，那是一件多美好多轻松快乐的事啊。现在的问题是，他总是需要别人捧着他、赞美他，不这样就不行。作为女人，她也想找一个能够承认自己认可自己的男人，但她很清楚，自己的想法根本不可能实现，为什么呢？一是他根本不可能接受，二是别人也会认为她有些"强词夺理"，因为大家不认为他有什么问题，反而会认为她应该更加努力才对。

检查点

☐ 有很多地方很孩子气。

☐ 因一点点小事，就会出现态度上翻天覆地的变化。

☐ 说话很不注意，经常因一些不在意的话伤害别人，自己却浑然不知。

☐ 似乎对理想很执着。

☐ 很天真。

☐ 从不听人劝，喜欢按自己的想法做。

☐ 自认为自己是个很优秀很特殊的人。

☐ 愿望稍有点落空，马上就会发牢骚，不高兴。

☐ 对赞美他的人有很温和的态度，对指责或批评他的人，会立刻全面地攻击，哪怕对方只是对他一点点的不认可。

如前章所述，人都有一种以自我为中心来感知社会和看待事物的特点，这其实就是一种自恋。在经过了与父母的分离和独立过程以后，这种自恋会逐渐减少。当然，适度的自恋（主要指自尊和自我感受）对健全人格的形成还是有一定帮助的，比如感觉自己在这个世界上是不可或缺的，这种感觉不能没有，当然要适度和平衡，过度认为自己有多么的了不起或多么的重要，那不是健全人格的标准。比如一直停留在自我、自尊和自爱的世界里面，总觉得自己是个很特殊的人，有超凡的能力，谁都不如自己，从来意识不到别人也是很重要的；考虑问题总是以自我为中心，考虑的事情也总围绕着自己，看待任何事物只能从自己的视角出发，如果一件事情不牵扯自己，或自己不在这个事件的中心位置，就不会去关注和关心这个事情，如果关注的话就会有种不舒服的感觉，因为自己不是主角，这是典型的人格不健全的表现。

如果性格明显偏离正常，不能适应正常的人际关系和社会交往，同时又给自己、给他人、给社会带来了诸多不良影响，这就比人格不健全严重多了，可以称之为"人格障碍"（personality disorder）。因过分自恋而引起的人格障碍称为"自恋型人格障碍"（Narcissistic Disorder），简称自恋症。这类人的特点是善于空想，夸大其词，总觉得自己的能力超强，其实是言过其实，自命不凡，有过分接受赞美的欲望，总希望得到别人的高度评价或赞赏，有种过分关注和夸大自己重要性的特点，对大家共同关心的事件或问题缺乏共同参与意识，只关注自己感兴趣的事情，对他人的情感或要求漠不关心，缺乏同情心。

作为犯罪心理学和精神病理学专家的景山任佐先生，在他的《空虚自我的时代》一书里写道：过分自恋是现代各类精神疾病的主要原因之一,在各种观念意识混杂交错的今天,大家都在关注如何培养和教育好下一代,但态度理念参差不齐,很多家长意识不到对孩子的溺爱和保护已相当过度,造成了孩子以自我为中心的自恋心态根深蒂固,难以改变。这些孩子经常会出现欺负他人或对陌生人实施暴力的行为,这是因为他们始终把自己当成是很特殊的个体,正因为觉得自己与众不同(做什么都可以,谁也赶不上自己),同理心、同情心、同感心欠缺(不设身处地地为被欺负的人着想,也不理解被欺负的人的心情),因此,孤注一掷,一意孤行。顺便提一下,美国著名的心理学家,"自体心理学派"创始人海因茨·科胡特博士在对希特勒的人格进行了系统研究之后,给出的结论是,希特勒是个"自恋型人格障碍"相当严重的人。

以上所说的这几点,同样适用于自恋者的恋爱情况:一切都以自己为中心推动事物,对恋人总存有希望对方赞赏自己的期待,不能接受对方对自己有意见,更别说是对立抑或否定了;对对方的心情或态度不屑一顾,没想过要如何理解和尊重对方,说到一些伤害或曾经伤害过对方的事情也是满不在乎、无所谓的态度。

此外,"理想地施予"也是自恋狂恋爱方式中一个极其明显的特征。"自恋狂"会按照自己的理想对"恋人"和"恋爱"进行一番深入细致地想象和描

> 因过分自恋而引起的人格障碍称为"自恋型人格障碍",简称自恋症。这类人的特点是善于空想,夸大其词,过分关注和夸大自己的重要性,对大家共同关心的事件或问题缺乏共同参与意识,对他人的情感或要求漠不关心,缺乏同情心。

绘，认为"恋爱应该是这样的"，"恋人应该是那样的"。当然，任何人对理想都有憧憬，但"自恋狂"会把理想描绘得非常完美，近乎没有缺陷，而且实现起来不容打折，具有高强度的强迫性，如果对方不按照自己的目标或"方针"执行的话会受到强烈的谴责。当然，恋爱中的人都希望对方和自己的理想能够吻合，但如果现实确实与自己的理想不一样的话，也不至于很强烈地责备对方，然而，对"自恋狂"来说，如果对方能够按照他的理想和要求去做的话，就会很好，但只要稍有偏差就会招致一顿强烈的指责抑或发泄式的情绪攻击。

对于"自恋狂"这套逻辑和要求，对方无奈地要背上一个沉重的负担或者是接受一个强迫的观念，那就是即便舍弃自己的意愿和想法，也必须全力地配合和支持对方。这种状态对外人来说极具蒙蔽性，有时甚至会令很多人羡慕，误认为这对小情侣、小夫妻是那么的琴瑟和鸣、夫唱妇随。但当事者真实的感受是什么，只有他们自己心里最清楚。另一方的自我否定感和无价值感会非常的强烈，而且有一种"不配合他就不行"的厌恶感和被强迫感。

所谓自恋就是一个人自己跟自己玩恋爱的游戏，也可以比喻成是一个人制作的恋爱剧，自己坐在那里高兴地观赏，对方的存在只是为了衬托自己，恋爱的过程只不过是自己创作的人生剧本中的一个章节而已。

爱得越深越想分手——逃避者

【例8】

俊明（27岁，公司职员）

"女人都这么缠人吗？"俊明完全是一副想放弃的样子。虽然平时他很少发牢骚，但喝醉了酒的时候偶尔也说几句真心话。

"恋人就必须得天天待在一起吗？我觉得一个人的独立空间和时间很重要，但她经常问这个周末又去哪里了？干什么去了？昨天又去哪里了？她到底想干什么呢！真的是很烦人了。一会儿想这样，一会儿想那样，被她缠得真的很烦啊！真想说（分手算了）……郁闷得令人窒息。"这是俊明对交往才三个月的恋人的态度。

"一直是刚开始的状态就好了，在交往中她变得越来越缠人。当然啦，我的性格也确实是比较独立的，所以我想选择一个能够接受我这种（不受约束的）性格的人。结果，怎么着都不行，处着处着就成了这个样子，真的想分手算了。与其说是分，还不如说是逃更为准确。"

听他的叙述，好像"三个月"就是交往的极限（原来也有过类似的情况），所以，总感觉他是在不停地换女友，告别女友。

"我说说我的想法吧，明人不说暗话，我就想一个人能相对地自由一点。一听了我的想法，对方就跟五雷轰顶一样，根本接受不了。这是没有办法的事情,我也不想最后成了这个样子,但最终我们谁也无法妥协。我也知道这确实是一件不太好的事,但是,不管怎么说,女人就是好束缚人,这对她们来说可能也是没有办法的事。"

俊明是我大学时代关系不错的学弟(比我小几岁),前几天说有恋爱方面的事要找我咨询,今天就来了,听了他的叙述,正因为是朋友,我对他也是直言不讳:"不是对方有问题,是你有问题!"

检查点

☐讨厌被束缚。

☐只要给他提点要求,他马上就会说:"你就是任性""你的欲望无止境",反感情绪非常强烈。

☐经常表达出"要自由"的想法。

☐平常做的事情,不想告诉你。

☐总喜欢一个人独处做事。

☐有种你越是想接近他,他越是想离开你的感觉。

☐总觉得他不想说真心话。

☐在面对令人烦恼的问题时会突然改变话题,感觉有点无端清高的样子。

面对来自女性的激情四射的爱情表达,有的男人会两腿发软,胆战心惊,甚至会掩面而逃,不敢面对,男人的这种退缩被称为"逃避综合征"(见英国心理学家罗德·波塔什的《胆小鬼!男人为什么不敢承担》[Cold Feet : Why Men don't Commit])。罗德·波塔什说,现代女性不像从前那样了,过去女性是在经济上依赖男性,现代女性在经济上大部分已能自立,因此在精神层面对男人的要求不亚于物质,甚至要远远地高于物质,但男人在这方面的意识还差得很远,还沉睡在过去那种给女人物质就等于给女人一切的时代,就男女在相互理解和关怀这个意识上来说,男人不知道要落后多少年,因此,男人想不患这个病(逃避综合征)都难!

一般来说,随着交往的加深,双方的距离应该会逐渐缩小,尤其当男方得到了女方的爱意表达之后,男人对爱的感受会达到极点。但有些男人特别需要一个属于自己的私密空间,不想和对方走得太近,所以,当他们所期望保持的距离无法保证的时候,问题就出现了。他们会觉得对方妨碍了他们的私密生活,接下来会做出一些比较极端的事情。比如不跟对方联系,对方电话也不接,短信也不回,也不告诉对方自己的行踪,就像突然告别或消失了一样。

"自由"和"束缚"是他们经常挂在嘴边上的话。"讨厌被束缚,就想要自由"是他们内心很强的声音;他们甚至会向对方明确表示"就想一个人待着",不想让对方老缠着他,想与对方保持一定的距离,就像刚认识的时候那样,不冷不热,不远不近,那种状态最好。

诚然,自由对谁来说都很重要,谁也不喜欢被过度干涉和约束,但"逃避者"类型的人对自由的渴望是超出常人的,对被约束有着常人所无法理解的厌恶感和恐惧感。他们有一种强迫观念,即没有自由是不行的,如果自己被束缚了那就彻底完蛋了,所以,他们一直警惕和防卫着绝对不能被对方所约束。

假如恋人无意间问了一句"今天你干什么去了?""逃避者"对这句话会非常反感,会认为这是对方有意在约束自己。如果对方想约他周末出去玩,跟他说"周末别安排别的活动了",这句话又会被当作控制他行动、干涉他自由的企图。"逃避者"总是把对方对他爱的表达当成是一种约束,他会因此有种被捆绑被吞噬的恐惧感。

"逃避者"不知道如何面对和处理那些令自己烦恼的事情,更不愿主动帮助对方解决她们所面临的困难和问题,假如自己被对方的事情所牵连了,那他们会赶紧想办法逃离,就害怕被牵连。但从我们常人的角度来看,既然是恋人,女方遇到了问题,男友应该责无旁贷地帮助解决,这是男友的责任和义务,但"逃避者"不这样想,他会认为对方的事情与他无关,那些事情应该由对方自己解决。

其实,也只有"逃避者"自己能够感受到他们是被约束的,事实未必如此,甚至可能截然相反。一般来说,如果恋人对另一方说"周末别安排别的活动了",正常人谁听了也不会认为这是约束或控制对方的口吻,这句话的意思明明是小情侣想一起约个会,即便自己提前已经有了安排,感觉有点小冲突、小麻烦的话,完全可以做些解释

> "逃避者"类型的人对自由的渴望超出常人,对被约束有着常人所无法理解的厌恶感和恐惧感;总是把对方对他爱的表达当成是一种约束,会因此有种被捆绑被吞噬的恐惧感。

或考虑个两全其美的方案。所以说,"逃避者"所说的束缚和自由的丧失只是他们自己内心的感受而已,和实际情况差距很大。在黑暗中胆怯发抖的孩子,看什么都跟妖魔鬼怪一样;对被束缚和失去自由过度紧张、害怕的人,看对方的一切行为都会和"被约束"和"自由的丧失"联系到一起。

从女性的角度来看,爱得越深就越愿意和对方在一起,甚至担心对方会离开自己。当突然有一天发现对方总在躲避自己,总和自己保持一定距离之后,女性首先会想到的是自己做错了什么,是自己什么地方得罪了对方吗?但男性的想法却是"如果你能和我保持一定距离的话,就不会有这种事情发生了,都是你的错"。男性一般意识不到自己的问题,所以会把责任都推到女方身上,甚至会觉得自己的怨气和愤怒是合情合理的。

不要建立"适度的壁垒"

以上讲述了容易成为相互依赖症者的恋爱和婚姻对象的四种类型的人,这四种类型既有共同点,又有各自的差异,一般情况下,在一种类型的人身上会同时兼有其他两种类型或以上的特征,这是很常见的。其实这四个类型有一个共同的特点,就是回避和恋人的亲密关系。我们正常人都希望在人际交往中实现相互之间关系的和睦和顺畅,能够给彼此带来快乐,让彼此感受到幸福和愉悦,这样的人际关系是人人期望的。但在上述四种类型的人眼里,交往的目的被有意无意地扭曲了，甚至与常人的意识背道而驰，说得再具体一点，他们的交往目的仅限于满足自我利益的需要，一旦在交往中出现点问题，他们的态度就是回避或逃避，再形象一点比喻就是落荒而逃。

"独裁者"与他人是支配与服从的权力关系；"压榨者"与他人是"盈"与"亏"的利益关系；"自恋狂"与他人是不切实际的幻想关系；"逃避者"与他人是设置交往阻力与障碍的极端利己关系，这四种情况的一个相同特性就是避开亲密的人际关系。

"回避依赖"也适用于这四个类型，回避依赖不仅是针对恋爱婚姻情感关系，也包括亲子关系、父母关系、朋友关系、工作伙伴关系等等，即避开亲密的人际关系，从亲密的人际关系中逃离出来。

为了便于理解"回避依赖"这个概念，我们用"墙"或"壁垒"打个比方做一下解释。人在与他人交往的时候，内心深处都有一个边界线，就相当于一个壁垒、一堵墙。这堵"墙"要"筑"成什么样，是"高"一点，还是"矮"一点，是用钢铁铸成，还是用木头铸成，人和人是大不一样的。内向的人内心的这堵"墙"是又"高"又"硬"的，外向的人内心这堵"墙"是既"矮"又"柔"的。另外这堵"墙"也受成长环境的影响，如果兄弟姐妹多的话，内心的"墙"一般是既"矮"又"柔"的，如果兄弟姐妹少的话，内心的"墙"一般是既"高"又"硬"的。当然，在与人交往的过程中，内心的"墙"也会因对方的情况不同而有所不同，比如，对初次见面或自己不喜欢的人，内心的"墙"会很"高"很"坚固"，如果是恋人或者好朋友的话则相反。

> "独裁者"与他人是支配与服从的权力关系;"压榨者"与他人是"盈"与"亏"的利益关系;"自恋狂"与他人是不切实际的幻想关系;"逃避者"与他人是设置交往阻力与障碍的极端利己关系。这四种情况的一个相同特性就是避开亲密的人际关系。

为了有效地保护自己,在内心深处适度建起这样一种"墙"也是必要的,其实,在与人交往的过程中,人们是不断地在"调整"这堵"墙"的"高矮"和"硬柔"的,这个过程就是发展交往的过程。但回避依赖者内心的"墙"往往既"高"又"硬",可以形象地比喻为他们在自己的周围建筑了一道铜墙铁壁,不留一点"缝隙"让别人穿越这个"墙壁",走近他们。问题是他们把别人挡在了"壁垒"之外,自己却未必不踏入别人的空间,而且还会把大量的能量放在多角恋、外遇或恋爱以外的其他事情上,当然,脚踏两只船或同时与几个人谈恋爱更是他们司空见惯的事情,这些人好像骨子里就不愿意只与一个人建立亲密的恋爱关系,缺乏一对一的恋爱交往热情。

顺便一提的是,相互依赖症者内心的那堵"墙"是很脆弱的(与回避依赖症正相反),自己和男友的心理界线会很模糊。回避依赖症是不想与对方接近,而相互依赖症是想与对方接近,两者各有各的欲望,且欲望都很强烈。健康的恋爱关系是不需要建立什么"壁垒"的,"适度的壁垒"也没有必要,正常的人际交往都希望双方的关系亲密且健康,为什么回避依赖症者非要"建"这个"壁垒"呢?这要从下面三个因素来进行分析说明。

与父亲如出一辙——模仿

以例5中"独裁者"类型的和宏为例,他的妻子怎么也理解不了丈夫和宏为什么会是这种性格。

"刚结婚的时候,第一次在他老家住了几天,我很吃惊地发现,他平时的一举一动跟他父亲一模一样。他父亲对他母亲像凶神恶煞一样地训斥,他母亲始终保持着沉默,不敢作声,蹑手蹑脚地跟在父亲身后,我感到很惊讶,很愕然。"

临摹他人的行为方式,形成酷似他人行为模式的做法在心理学上叫做"模仿"。比如拥有和父母一样的行为方式,一方面是父母给孩子的影响造成的,另一方面也是孩子把父母当成了模仿对象,经过长期的模仿,最终形成了酷似父母的一系列行为特征和习惯。模仿的对象不仅限于家庭成员,也包括朋友、老师、电视里的人物等等。和宏的情况就是如此,父亲是个典型的"独裁者"类型,对家人常常表现出颐指气使的姿态,一会儿这样,一会儿那样,不是这不行,就是那不行,俨然就是君临天下的王者。儿子耳濡目染了这一切,从小就认为作为父亲就应该具有这种说一不二的威严,对女性就应该冷酷(与父亲对母亲一样),这样做才合乎男人的标准,才能满足男人的尊严和要求;在不知不觉中和宏学习和掌握了父亲的这些做法。婚后和宏经常向妻子发牢骚,诉说对父亲的不满,非常讨厌父亲的独断专行和专横跋扈,但他的言行却十分酷似父亲,应该说是在一点一滴地模仿着父亲,在无意识状态下表现出来的完全是父亲的翻版。

"独裁者"的模仿还有一种"动力学"原因,那就是对模仿对象的"认同机制"。本来"独裁者"父亲是非常可怕的,和宏和母亲整天提心吊胆地过日子,到今天为止,和宏对父亲的恐惧感都挥之不去,但为什么他自己的行为还这么像父亲呢?原因就来自于这个恐惧源——父亲,正是因为想克服对父亲的恐惧感,结果却产生了一种对父亲恐怖行为的认同。比如,一个人用掐脖子的方式伤害对方的时候,其实,这种方式有可能是自己在年幼时从父母的战争中学来的,抑或说父亲曾经就对母亲做过类似伤害性的行为,本来他对这种行为是有恐惧感的,但当他在伤害别人的时候,这种原始的恐惧感会成为他行为的认同动力。人越是在恐惧的时候,越会有一种变成恐惧对象(恐惧对象和自己被视为一人)的倾向和冲动。父亲很可怕,越是对父亲憎恨与恐惧,自己就越会变得和可怕的父亲一样,这就是心理学上的"认同机制"。我们不妨把"模仿"和"认同"两种机制当成一项工作来看,比如父亲在凶神恶煞穷凶极恶的时候,孩子一方面在模仿,一方面对父亲没有保护好母亲感到愤怒,另一方面也对经常遭受父亲伤害,甚至甘愿遭受伤害的(被害者)母亲感到愤怒,父亲长期对母亲采取的那种严重的伤害和惩罚行为,已经成为一种象征性的动力植入孩子的内心,这就是犯罪心理学中经常被提及的"模仿"和"认同"机制。

母亲的过度溺爱对孩子也是一种伤害

我们再从母亲对孩子的影响这方面来分析,先来看过度溺爱孩子的母亲。

这样的母亲总是为孩子考虑得十分细致和周全，几乎包揽了孩子的一切，于是乎"压榨者"和"自恋狂"这两种类型的人就被塑造出来了。这种母亲总认为有关孩子的事情自己都应该全力付出，这是女人的本性和天性，但却意识不到过度的溺爱对孩子来说是一种伤害。假如一个女人找了一个"压榨者"类型的男友，在见他母亲第一面的时候，往往会有这样一种感觉，男友在母亲面前像个小孩子，连说话的口气都会有些娇滴滴的感觉，俨然就是个没长大的孩子。母亲也很享受和孩子的这种"温馨"关系，外人看起来好像他们的母子关系非常融洽。再稍加注意就会发现，似乎男孩的一切都是由母亲包办的，母亲对他的关照可以说是无微不至。

这种母亲其实是把儿子当成了自己的父母、丈夫抑或是恋人来对待。前章例4中的健一就是这种情况，他的母亲对他就是无微不至地关心，结果把儿子塑造成了一个一定要拯救母亲，一定要让母亲幸福的"拯救者"角色的人，母亲的痛苦就是他的痛苦，母亲的不幸就是他的不幸，也是他的责任，在这个世界上只有他能够拯救母亲。于是，当他面对另一个女性的时候，"一定要把母亲拯救出来"的愿望再度点燃，只要他想接近的女性，都会被他当成带有"母亲"象征意味的女性，首先是同情对方，然后想方设法要去"拯救"她，这种意识和动机周而复始地不断重复。

但事实是孩子的所作所为不一定符合母亲的愿望和要求，孩子的成长之路也

> 母亲总是为孩子考虑得十分细致和周全，几乎包揽了孩子的一切，于是乎"压榨者"和"自恋狂"这两种类型的人就被塑造出来了。

未必只有母亲所提供指导的一种形式,相反,倒是母亲对孩子提出的很多要求,有些是很偏执、很苛刻甚至是无理的,孩子无论怎样努力都有可能实现不了。另外,有些不符合孩子意志、对孩子有不良影响甚至是挫败感的事情硬被强加给孩子,这对孩子来说是一种巨大的伤害,孩子会因此对母亲产生对立抑或是憎恨情绪,这种愤怒一旦进入潜意识会成为将来惩罚抑或伤害女性的无意识动机,"独裁者"类型就是在这种背景下形成的。

还有一种母亲不愿与外界交往,过度封闭自己,这种母亲培养出来的孩子往往是"逃避者"类型,她不仅会过度地"料理"孩子的生活,连孩子的心理活动也会过分参与,甚至会直截了当地涉足干预。不管孩子遇到什么事情,这种母亲总是冲在最前头,充当孩子的"保护伞""挡箭牌"。这样的母亲会令孩子感到窒息,孩子的身心就像禁锢着一条锁链一样,所以,当孩子长大成人以后,在接近其他女性的时候会有种恐惧心理,有种想冲破"囚笼"的冲动,但由于不知道该怎样面对和处理与女性的关系,他们只能逃之夭夭,溜之大吉(至少是在心理上)。

"逃避者"类型的人不愿面对恋人的烦恼和她所面临的严重问题,总以很不耐烦的反应方式来对待恋人面对的问题,潜台词是:不要牵扯我好吧!不要把我掺和进来好吧!其实这种心底的声音是出自于对母亲的一种反抗。例8的

不愿与外界交往,过度封闭自己,这种母亲培养出来的孩子往往是"逃避者"类型,这样的母亲会令孩子感到窒息,孩子的身心就像禁锢着一条锁链一样。

俊明也是"逃避者"类型，他就是快要被母亲压垮了，但健一和俊明虽然都是"逃避者"类型，表现的方式却有所不同，健一属于相互依赖者类型，而俊明则是回避依赖者类型，大类相同，方式不同。

大男子主义与女人味——社会文化的陈旧观念

相互依赖者＝女性，回避依赖者＝男性，这种刻板认知已经成了男女恋爱抑或最终接受或认同对方的理由，这无疑是受到了某种社会文化观念的影响所致。众所周知，"大男子主义"并不是一个正面的概念，但从传统观念上来看，"大男子主义"并非没有基础，甚至社会认同的程度还不低，说白了就是大家会认为男人身上没有点"脾气"、没有点"大男子主义"就不像个男人，就没有"男人味"，这种意识或社会文化观念在日本这种传统意识相对浓厚的国家是非常普遍的，大家会通过电影、电视剧、小说、漫画、报纸杂志等等诸多现代媒介手段，自觉与不自觉地接受这些信息，潜移默化地受其影响，被动地学习和观摩男性如何在女性面前耍酷逞能，如何成为让女性佩服甚至是崇拜的"大男人"。其实，在媒体上出现的那些所谓的"大男人"形象都是进行了大量的包装，进行了非常夸张的魅力性描写以后呈现出来的，这些男性在作品中经常会表现出一些不健康的回避依赖的倾向，但却被当成是一种时尚抑或说人格魅力加以宣扬，这就是媒体和文化作品所特有的社会功能，把有些不健康的东西当成时尚传播了，而且理由还相当的充分。

经过社会和各种文化作品的传播，男人们一步一步地发现，原来

> "大男子主义"并不是一个正面的概念，但从传统观念上来看，并非没有基础，甚至社会认同的程度还不低。大家会认为男人身上没点"脾气"、没有点"大男子主义"就不像个男人，就没有"男人味"。

男人应该是这样的！所以，当自己有回避依赖倾向的时候，还会觉得自己的做法是对的，是符合魅力男人标准的，而且这种信念会成为一种深层的认知模式被固化下来，很难改变。另外，尤其在日本，男人就等于工作，女人就等于家庭，夫妻间的角色分工是非常清楚和坚固的，丈夫与妻子的关系是：男人有绝对的经济支配权，妻子是绝对的从属地位，这种意识和关系根深蒂固。男主外，女主内，丈夫在外面工作，妻子在家里做专职主妇。在这样的家庭里面，挣钱的一方认为自己是劳苦功高的付出方、供养者，认为不挣钱的那一方光吃白饭，是被供养者，没有自己的话大家吃什么！怎么活！等等。把自己挣钱的事和权力等同起来，以此向妻子孩子证明自己的价值，强化自己的权力和威望，这种事情在日本司空见惯。

多数男人不知道在构建家庭关系方面其实还有很多好的方法，这是非常糟糕的事情，很多男人只把经济能力作为唯一的建构家庭关系的"权力——服从"标准，只根据经济能力来确定权力与服从关系，不知道还有其他标准和方法来处理和维系好家庭关系，这样的男人实在是太多太多了。当然还有不少男人利用"权力关系"巧妙地避开了夫妻之间的亲密关系，这种情况也不少见，即所谓的"假尊严，实冷淡"，主要目的还是彰显自己在家庭中至高无上的地位。即便不谈经济能力，男人也会从骨子里认为，女人就应该以一种尊崇的态度服从男人,男尊女卑是社会文化的基础,男人支配女人、女人服从男人是天经地义的,有这种观念的人大有人在。如果成长的家庭环境也是这种氛围的,那这种意识会成倍增长。

此外,从管理和教育的角度来看,对于男孩子来说,没人愿意总是依靠别人活下去,应该说与他人保持一定的距离是男人与生俱来的特性,换句话说,男性不习惯于在近距离中建立人际关系,过于近距离的交往会令男人感到生涩甚至会有些担心害怕,男人更愿意在保持一定距离的基础上与他人交往(也包括恋人),这就不难理解"逃避者"的逃避行为是怎么一回事了。但无论哪种类型,"逃避者"都有一种共同的心理,就是害怕伤及亲密关系,所以他们尽可能地采取回避态度,既不伤及亲密关系,又能满足他们与对方保持一定距离的愿望。

在成长过程中从来就没有感受过亲密关系和情爱的人,回避和逃避心理会更为严重。

上面讲的是男性,女性是怎样的呢?女性和男性似乎是完全相反的。

一直以来,各种媒体舆论都把真诚待人和尽心尽力看成是女人的美德(当然,现在这种描述有一定的变化),女性的忍耐性和自我牺牲精神也是倍受称赞的良好品质。在日本,一方面,女性在工作和经济方面都不占主导地位,不得不被动地服从于男性。另一方面,与男性所接受的教育有所不同的是,女性有关交往的教育往往与其生存有关，比如"与大家和睦相处"及"能够让大家接受和喜欢自己"是对女性的基本要求，没有哪位家长希望自己的女儿是一个特立独行、我行我素、孤芳自赏的"独行客"。把自己置于别人身后，全身心地支持他人，心甘情愿地屈于从属地位，在心理和行为层面与他人高度契合，这是日本社会文化背景下对女性的共同期望和要求。

为什么相互依赖症者和回避依赖症者就像一对翩翩起舞的舞者？

本章重点探讨相互依赖症者是如何成为回避依赖症者的恋人或配偶的，本来两者应该是相互排斥和拒绝的，为什么就像被施了魔法一样地彼此相互吸引了呢？说白了，彼此要是心不甘情不愿的话，就不会有他们的故事发生了，正是因为他们之间的关系不像常人想象的那样是相互排斥的关系，而是相互吸引的关系，所以才导致了一场场问题婚姻的发生。两个人都是相互依赖症者（这种结合易诱发极端心理问题的产生）或两个人都是回避依赖症者（这种结合易产生较大的距离），这样的恋爱或婚姻当然也有，但绝大多数还是相互依赖症者与回避依赖症者之间的结合。他们彼此之间的相互选择是因为他们都对对方身上的某种深层心理有种神秘感和探求感。

接下来，为解答上面这个问题再深度剖析一下前章所讲述过的"稳定"和"再挑战"两个概念。

稳定

有相互依赖倾向的女性,她们的父亲多半是既冷酷又严厉,既霸道又苛刻的,对她们来说,父亲这个角色是缺位的,与其说有还不如说没有更好,因为冷漠的父亲非但没有给女儿带来父爱,相反倒是给女儿带来了不少的伤害。这些受过深层心理伤害的女孩子因为惧怕带有"父亲象征"的男性(是男性就会和父亲相联系),所以很容易寻找具有回避依赖倾向的男性(回避意味着伤害行为的远离)。

再来看具有回避依赖倾向的男性,他们的母亲多半是大事小事都顺从儿子,有些母亲甚至被儿子"虐待"得有些可怜,这些母亲整天因为儿子(或他父亲)的事烦恼不断,痛苦不堪。这种母亲带出来的儿子对母亲一般会有一种较强的排斥心理(逆反心理),不愿被母亲管得太多,而这种男性恰恰又适合具有相互依赖倾向的女性,这是为什么呢?因为人都有一种习惯,即对看惯了的、非常熟悉的东西会有一种特殊的亲近感,所以,在两者相遇的瞬间,会非常迅速地捕捉到对方身上有种自己非常熟悉的影子,这种影子是长期积累形成的,一瞬间就在对方身上发现(投射出来)了。接着,彼此的相互吸引就形成了,这是在一瞬间完成的,这在心理方面被称为"安定机制"(稳定机制),意思是说人都有一种寻求稳定安全的心理机制,这也许就是年轻人所说的那种"一见钟情"。

> 人都有一种习惯,即对看惯了的、非常熟悉的东西会有一种特殊的亲近感,接着,彼此的相互吸引就形成了,这是在一瞬间完成的,这在心理方面被称为"安定机制"(稳定机制)。

再挑战

人在孩童时期受到的那些伤害，比如没有得到父母的爱，却受到了来自父母的伤害，抑或从来就没有得到过父母的认可，等等，对人的影响是漫长而深刻的。被爱，被认可，是人的基本欲望和要求，是每个人人生中不可或缺的东西，即便得不到，人们也不会放弃争取的努力。所以，在相互依赖症者和回避依赖症者相识的初期，仅凭着一股本能的对对方身上自己"熟悉"的特质的热情和冲动，两个人的关系在很短的时间内就会走得很近。但随着时间的推移和接触的增多，很多的破绽开始逐渐显露出来。相互依赖症的女方渴望得到更多的爱，渴望和对方成为一体，但事实证明很难被对方满足；越是得不到满足，越是感到烦恼和痛苦。而回避依赖症的男方一直在躲避，一个劲地想逃避，就是不想让双方的关系走得太近，但又想要巧妙地控制女方。如此一来，彼此过去曾经经受过的那份痛楚（在原生态家庭当中经受过的）又再度袭来，相互依赖的女方越是想靠近回避依赖的男方，回避依赖的男方就越想躲避和逃跑，这个恶性循环最终会导致恋爱悲剧的发生。问题就在于他们彼此将对方选为恋爱对象的时候，其实潜意识是一种接受"再挑战"的过程，就是想证明一下自己的过去不应该这么惨，假如再给自己一次机会的话，自己的命运绝对不是这样的。正是出于想接受一次"再挑战"的心理，

> 相互依赖症者和回避依赖症者彼此将对方选为恋爱对象的时候，其实潜意识是一种接受"再挑战"的过程，就是想证明一下自己的过去不应该这么惨，假如再给自己一次机会的话，自己的命运绝对不是这样的。

结果却是搬起石头砸了自己的脚,让自己再次置身于一场更加痛苦且无休止的"战争"之中。

"受不了又分不开"的深层心理

再来回想一下例5(独裁者类型)的和宏和例8(回避者类型)的俊明,从他们的行为特点来看,好像他们就是想方设法地离开对方,不想让对方离自己太近,其实这仅仅是表面现象,这种表象背后掩盖了很多其他真实的东西。拿和宏来说,一些很平常很细小的事情也会引起他对妻子的不满,甚至会因这些琐事责问妻子一天,老实巴交的妻子总是以服软、认错和道歉来对待丈夫的无理指责。一次,妻子实在忍耐不住,像烈火一样爆发了。在一通激烈地反抗之后,妻子愤然离去(去了朋友家里)。在妻子离开大约一个小时后和宏就沉不住气了,开始四处打电话,只要和妻子有关的朋友他通通打了个遍,最终知道了妻子的去处,他低三下四地哭着向妻子道歉,请求妻子的原谅,希望妻子赶紧回来。

俊明的情况也是这样,总把恋人给他的电话或者邀请当成是种束缚,但当自己给恋人打电话想跟对方见面时,如果对方因事不能赴约的时候,他会非常的生气,有时甚至是怒不可遏,会一再责怪对方。

这两个人不可理喻的行为背后,其实都是极度地害怕被对方所抛弃,这是"回避依赖症者"都不否认的事实。他们对外呈现出来的问题和矛盾看似是回避对方,害怕和对方的关系过分亲密,其实,深层心理恰恰相反,他们对于"抛弃"或"被抛弃"是非常害怕的,正是因为害怕对方离开自己，所以才尽量回避和对方过于亲密。大家都知道，过于亲密了之后就有可能意味着疏远的开始，越是走得太近就越有可能令关系变冷变淡，这是回避依赖症者最大的心结。

和宏这种"独裁者类型"，之所以想尽一切办法来控制和支配对方，正是害怕对方将其"抛弃"，如果对方不服从他了，会令他心惊肉跳，身心俱痛，如果不牢牢地支配和控制住对方的话，他会觉得有可能完全失去对方。俊明这种"逃避者类型"也是惧怕被对方抛弃，所以自己先行逃避，如上所述，接触就会有麻烦，越密切的接触，麻烦就会越多越大，所以，"逃避者类型"就是靠逃避来减少麻烦保住关系的。

回避依赖症者表面上看起来是想尽一切办法远离对方，其深层心理还与前章所述的"幸福上限"心理有关，因为不太善于处理过于亲密的恋爱关系，对幸福的状态也不太适应，一旦有幸福的机会来临，本意其实是想好好珍惜和抓住这次机会的，但由于过分惧怕失去这样的机会，又苦于没有很好的应对方法，所以采取了回避的方式巧妙地避开对方。这也是一种过度的防卫机制，为了不失去幸福，所以尽量与对方少接触。

如此看来，回避依赖的表层意识和深层心理是相互矛盾的，但相互依赖症者和回避依赖症者最终追求的目标是一致的，都想和对方保持良好的婚恋关系。回避依赖症者虽然不擅长处理亲密的恋爱关系，但也并不想立刻放弃这种关系；而相互依赖症者虽然想加深这种亲密的恋爱关系，但也得不到自己想要的那种关系。那为什么相互依赖症者最终却没有离开回避依赖症者呢？如果她真的想要亲密度的话，完全可以放下这个令自己伤心的关系，赶紧去寻求其他的能够满足自己要求的恋爱关系啊。同样，既然回避依赖症者那么不愿意让相互依赖症者缠着自己，为什么不离开相互依赖症者去寻找那种不纠缠

> "回避依赖症者"对外呈现出来的问题和矛盾看似是回避对方，害怕和对方的关系过分亲密，其实，深层心理恰恰相反，正是因为害怕对方离开自己，所以才尽量回避和对方过于亲密。

自己的恋爱关系呢？其实双方都觉得离开对方会有很大的不舍，都会用一种暂时缓和矛盾的方式来迎合对方，目的还是为了维系住这段关系，这是两者分不开的主要原因。

回避依赖症者控制相互依赖症者的手段：间隔强化

所谓"强化"是指通过某一事物增强某种行为的过程，简单地说就是对某种理想行为给予积极的奖赏和鼓励。强化分为"连续强化"和"间隔强化"，所谓"连续强化"是指每一次理想行为出现时，都给予奖赏和鼓励，比如日工作量超出部分的奖励，只要工人超出了当日规定的工作量，就多付一天的奖励工资，当日结算。"间隔强化"并不是对每一次理想行为都给予奖赏或鼓励，而是有时间间隔地对某种理想行为给予奖赏鼓励，比如每月一次的奖励工资，这就是"间隔强化"。

强化的目的和作用就是刺激某种行为的发生，使理想行为出现的概率增大增强，反之，如果对某种理想行为不给予强化，那它出现的

几率就会减少。奖金和超额完成工作的关系就是强化和理想行为的关系，只要奖励工资按时足额发放，职工超额工作的积极性就会加强，反之，超额的工作就会减弱。如果对某种理想行为给予的奖赏或鼓励逐渐减少的话，就"连续强化"和"间断强化"相比较，"间隔强化"对行为造成的影响是缓慢的，这一点很好理解，因为奖励刺激的本身就是间断性的，它对行为产生的影响也是间断性和缓慢的，这也是相互依赖症者不离开回避依赖症者的原因之一。

比如，例6"压榨者"类型的雅人，当女友满足了他的要求的时候，他会表现出较好的一面，满脸笑容，紧紧地拥抱着女友表达感激之情。"你是我最爱的！""你对我太好了！"女友也知道自己充其量就是他的利用工具，但即使明白这些，当看到他那副"天真无邪"的"真诚"表情时，听到他那些沁人肺腑的甜言蜜语，尤其他那热情的关爱表达的时候，仍然无法逃避和抗拒。但平常雅人是没有这些举动的，只是在女友满足了他的要求之后，雅人才会表达出感激和关爱，令女友万分喜悦和感动，这无疑成了一种奖赏，女友只要满足了雅人的要求就能得到雅人的爱，这种模式一旦建立起来，在不知不觉当中就成了一种"强化"，是女友在用物质满足的方式来奖励和强化雅人对自己爱的表达。

例7"自恋狂"类型的隆二也是一样，女友一旦违背他的想法，定会招致一顿严厉的训斥与指责。只要女友顺着他的心意行事，那结果就大不一样了，他会像对待千金小姐一样宠着女友。比如，女友必须要听从隆二的建议，去他推荐的美容室做美容；出门参加聚会的时候要穿他推荐的服装，这样的话就会得到隆二的赞赏。两个人如果在外面见到朋友，隆二也会给大家介绍自己的女朋友，但并不总是那么的热情和主动，但只要女友满足了隆二的要求，他们再遇见外人的时候，他的态度就会非常热情。这就说明只要满足了他的要求，那

> 强化的目的和作用就是刺激某种行为的发生，使理想行为出现的概率增大增强。就"连续强化"和"间隔强化"相比较，"间隔强化"对行为造成的影响是缓慢的。

就会得到他的认可，进而就会得到他的爱和承认，这就是"强化"的作用，其他的东西都不重要。

外人看待相互依赖症者的恋爱会感到匪夷所思，这么痛苦的恋爱都能忍受吗？大家不能理解，其实是因为对"强化"这种事情和概念缺乏认识和理解，不知道"强化"的巨大作用。可别小看即使是一丁点的"奖励"，这点关心和慰藉，对另一方来说有可能是一副能量巨大的强心剂，抑或称为心灵滋养剂，足以令其暂时地消解痛楚，融化郁结，心甘情愿地把感情继续维系在对方身上，想摆脱都难，有种欲罢不能、欲走无力的感觉。

"自恋狂"偶尔会对外秀秀恩爱，以示其自命不凡的魅力，真正的目的是掩盖其内心华而不实的空虚。"自恋狂"在倾听方面独具优势，会装出一副非常虔诚的姿态，"认真"且"耐心"地倾听对方的谈话，这正是他展现自我、表现优雅的绝好机会和手段，会给对方一种温文尔雅、温和大方的良好印象。其实，"自恋狂"的这种姿态是经过了刻意伪装的，目的依然是吸引对方，引起对方的注意和

好感，在这种看似无意的"虔心"倾听中，再一次实现了强化功能，让对方对其好感不断，难舍难弃。

另外，从反差的原理来看，平常表现冷淡，一旦有点热情的表达，就会给对方几倍甚至几十倍的温暖感受，这是很好理解的事情。

替代满足

例5中"独裁者"类型的和宏的妻子说，和宏的性格，从某个方面、某种角度来说，也有让她喜欢或放不下的东西。第一章例3中的百合说，她曾经也想过给暴力男友一次猛烈的反击，哪怕一次也行，把一腔怒气彻底发泄出去，彻彻底底地主张一次自己的权力，也对别人发号施令一次，做一次自己的主人……但又害怕这样的行为会被别人耻笑，认为自己不像个女人，所做所为和女性的身份不相称，等等。女性总是会被这些陈旧的社会文化观念所羁绊，以至于影响和丧失了自己的权益，这在日本是个相当大的问题。其实，当下的日本女性憧憬"男子气概"的还真不少，女性普遍都有种压抑感和挫败感，很多女性想像男人一样，想大声说话的时候就大声说话（日本女性视大声喧哗为不齿），想说笑的时候就说笑（日本女性习惯于笑不露齿，掩面而笑），听到男人争吵也想尝试一下（日本女性把与别人争吵看作是非常不端的行为），也想对别人发号施令（日本女性从不对别人发号施

可别小看即使是一丁点的"奖励"，这点关心和慰藉，对另一方来说有可能是一副能量巨大的强心剂，抑或称为心灵滋养剂。

令,否则会被看做是没有教养)。现在有这些想法的女性确实不在少数,因为在当今的日本社会,女性无法真正主宰自己的命运,普遍存在自卑感,在很大程度上依赖于男性,这是不争的社会现实。

在这种心理的作用下,独裁者类型的男性似乎更被女性所推崇和喜爱,在女性群体当中似乎更有魅力和吸引力。

> 独裁者类型的男性,在女性群体当中似乎更有魅力和吸引力。女性似乎走近或嫁给了这样的男人就能实现自己的某种愿景,就能解决和释放内心中积累了多年的积怨,找到一种自卑感消除以后的惬意和平衡感,这就是"替代满足"的心理机制。

女性把交往和接近这种男性当成是一种荣耀或资本,似乎走近或嫁给了这样的男人就能实现自己的某种愿景,就能解决和释放内心中积累了多年的积怨,就能满足自己内心憧憬了多年的那种朦朦胧胧的神秘愿望(上面提到的反传统愿望),而且会找到一种自卑感消除以后的惬意和平衡感,这就是"替代满足"的心理机制。虽然对独裁者类型的丈夫或男友心存畏惧或不满,但也不乏对他们的欣赏和敬慕,似乎在他们身上能感受到某种魅力的存在,正是因为这些真实的感受而不想离他而去,这就是"替代满足"心理起的作用。

反之,有着相互依赖倾向,且情感比较脆弱,极易受到伤害的女性也非常吸引独裁者类型的男人,女性身上那种隐隐的脆弱和易感伤的气质,极易激发独裁者类型的男人的恻隐之心,他们会认为拯救这些弱女子是他们义不容辞的责任和义务,换句话说,"需求与供给"是双向的调和平衡关系。

从逃避行为开始

如果你自己是回避依赖症者的话，而且又想解决这类问题，那就要在悉数了解本章所述的自己行为模式及背后深层心理的基础上，综合参考书中开出的"药方"，一点一滴去克服心理顽疾，"药"到才能病除。

其实我也是属于有些轻度恋爱依赖症的人，应该属于回避依赖的类型，即便到现在，我也一直在不断深刻地反省自己，经常地责备自己，但我觉得没必要过分自责，因为过于自责的话可能会导致更进一步的恶性循环（罪恶感和自我评价过低对恋爱的负面影响，在书中反复叙述过）。其实，过分自责也解决不了根本问题，关键还在于自己的反省。

"对不起，都是我不好，一直伤害你到现在，都是我的错"，这种表达也很有必要，但一定要有改善的行为在先，用行动表达肯定比语言要好得多，实在得多。因为你再道歉，再发誓要改变，如果没有实际行动，也只能换来暂且的和平，问题根本没有得到解决，只能靠行动来证明自己，一定得明白一个道理，这不是为了对方而改变，而是为了自己而改变。

做出决断的五个要点

假如你是回避依赖症者的配偶，下面的五个要点你一定要注意了，不管是离开，还是继续忍耐，还是想努力进行改善，这需要你自己做出最终的决定。

任何事情不能总局限于一个模式

　　对于任何矛盾或障碍，一定不要重复一种模式，这是个原则。比如你也会有以下这类心情吧：恐惧、绝望、愤怒、悲伤、猜疑、罪恶感、无力感、自我否定、欲求得不到满足的受挫感、孤独等等，身处这些消极的情绪当中一定会倍受折磨的。有时要反省自问："自己过得挺好吗？"或者当家人、父母或朋友问你的时候："生活得怎么样？过得挺好吗？幸福吗？"我觉得这个问题可能很难直接回答，因为也许在当下这个瞬间觉得很不好，很不幸，但在下一个瞬间，说不定就会有改变，认为日子过得也还不错，还说得过去，这应该是每个人真实的心情。在自我提问中，自己应该清楚地知道，在某个时候会有烦恼和困顿，但总有一天会有改变的，现在的问题没有什么了不起的，不能把现实扭曲了，尽管现在还很辛苦，但还是应该客观地、实事求是地看待现实，生活毕竟是多元化的，不能总是用一个模式生活吧。

问问自己为什么会被吸引呢？

　　朋友的劝说暂且不提，你自己是不是也一直在考虑是否应该与他分手？即使觉得应该，但还是有很多的不舍和顾虑，有种在夹缝中挣扎的无奈和痛苦感。那么，为什么就无法从那个夹缝中逃脱出来呢？好像自己就是奔着对方故意为自己设计的那个夹缝去的一样，为什么自己会做出这样的选择呢？关于这些问题，前章和本章都有详细的解释。希望你好好地认识那几个机制和原理，好好地看清自己的内心深处的东西，绝不是什么偶然因素或者是运气的问题，这其中一定是有原因的，是你自己决定了选择的方向，这不能说你不好或是你的错，而是有一种力量推动你做出了这样的选择，换句话说，这是你"必然"的选择。

首先要改变的是他还是自己？

"只要他能有所改变，或者他能改好了，我就……"这是做出决定之前的一句潜意识台词，不仅限于恋爱依赖症者，是人都有这样一种意识，即便能意识到自己也是有问题的或自己在某个问题上也有一定的责任，但谁也不会心悦诚服地承认。更何况自己并没有太多责任和问题却还要向他道歉，那会不会反过来助长他的不良行为呢？当然，如果接受了他的无理要求，那你的道歉行为无意间向他传递了一种信息，就像对待孩子一样，越是宠溺和一味地满足，孩子的要求就会越来越多，最后可能会发展到无止境，对他回避依赖行为的默认也是同理，越是放纵和容忍，他的行为会越加严重。

对方非常执拗地、不断翻来覆去地重复着同样的行为，这当然是不对的，虽然不能说完全是你的责任、你的问题，应该说主要的问题还在他（为了他自己的需要），只能说你在被动地应和着他，所以说，如果你的行为模式多少改变一点的话，事情也会有所改变。

先别考虑对方，首先从自身开始改变，这是改善人际关系的铁律。人都有一种惰性，特别讨厌和抵触改变自己的行为模式，让对方改变是最轻松的一件事（对自己来说），特别是恋爱依赖症这种情况，由于过去一些成长性的因素和深层心理原因铸就了很固执的行为模式，要想改变和改善这些模式是非常困难的。但是你一定要记住，你的变化是可以带动他的变化的，如果你什么变化也没有，想要改变他是根本不可能的。如果你不想离开他，那么前提只有两个，一是你先改变，二是你不改变，前者可能会带来他的改变，后者是他一定不会改变，想想看，你应该选择哪个？（当然，要选择离开的话，你就不用考虑自我改变了）

他是在欺负自己还是想让自己幸福？

这是个非常原则的问题。你可能认为没有人生来就想欺负你，但现实还真有可能出乎你的意料，那就是现在正在和你恋爱着的那个人，由于和你的这种特殊关系，你可能会觉得他总在有意无意地伤害你、欺负你，这还真不是你的空想。当然，有关"受虐狂"或"自我惩罚心理"在此就不做讨论了，是正常婚恋交往的话，那你就应该知道，有些事情是理所当然的，谁也不愿被对方乱骂一通，乱指责一通；谁也不愿因谈恋爱、找对象、结婚而倍受屈辱；谁也不愿被人训来训去，榨来榨去，更不愿被别人捆绑约束；谁都愿意有个幸福美满的婚姻，充分享受到爱和被爱的滋味，这是每个人都憧憬和希望的，也是每个人应该享受的权益，肯定不能轻易地放弃。

但他为什么就和自己过不去呢？为什么会有这样一些说法：我们

生来就是一对冤家；我前生前世就欠他的，这辈子是来给他当牛做马赎罪的；我上辈子欠他太多了，这辈子是来还债的，等等。其实这些说法都是不对的，谁也不欠谁，今天的相识就是缘分，他未必真想欺负你，也未必不想让你幸福，只是他有没有那个能力，这是个问题，而且是个关键性的问题，解决了这个问题，才能最终解决你们婚姻幸福的问题。只要你不想离开他，那他的这种能力必须得到学习、锻炼和提高，这是改善你们婚恋关系的核心与根本，千万别想错了方向。

忍受的限度到哪里？

给自己鼓鼓气，为了改善关系努把力看看吧，先不要那么早就下结论。当然改善之前有必要双方制订一个婚恋关系的原则、尺度和界限，但愿双方都朝着好的方向去努力。当然，这仅仅是一种积极的期待而已，美好期待的同时做些细致的打算和计划是非常有必要的，因为对于相互依赖症者来说，总是过高地估计自己拯救对方的能力，所以总是会陷入拯救对方的泥潭当中不能自拔。当然，一个人想从根本上改变自己是一件很难的事情，先不说能不能做到，找"一条捷径"总是可以的吧，与其说在原地慢慢地被动等待，毫无办法地忍受和悔恨，甚至到了崩溃的边缘，为什么不尝试找个"捷径"去改变一下呢？

比如设立底线和表明原则态度。家暴绝对是不能接受的，这是个原则，即便一次也不行，因暴力而解体的婚姻比比皆是，谁也不愿接受有暴力倾向的婚恋关系。如果是经常向女友借钱的男人，这个月借给他一万日元，如果下个月还不还的话，那就没有第二次了。这些原则和态度应该直言不讳地告诉对方，不能犹抱琵琶半遮面，遮遮掩掩、吞吞吐吐，该说的不说、该做的不做，态度不明朗、行为不坚定肯定不行。最重要的是要将这些原则态度付诸行动，双方都要按照彼此约定的原则和界限执行，即彼此都要遵守底线，如果打破了这个底线的话，那就马上分手，决不能迁就。如果是接近底线的行为，可以考虑暂时分开一段时间，保持一定的距离，不这样的话，对方会认为你也就是嘴上说说而已，根本没有什么实际的行动，对方的行为会逐步升级。有了明确的约定和底线以后，情况应该会比现在要好，至少关系不会再继续恶化，因为，只要越过底线，那就必须得分开，这等同于婚恋家庭关系的一条法律，不遵"法"守"法"，那你们的关系将无章可依。

同情心不可过多过滥

最后，我想对回避依赖症者多少表示一点同情，其实他们也很可怜，相互依赖症者最好不要用"爱的力量"去改变他，这种挑战精神还是不要的好，听起来是玩笑话，但确实不是玩笑，因为有关回避依赖症方面的实际事例太多太多了，很多富有同情心的人在拯救回避依赖症者的过程中"全军覆没"，教训是惨痛的，值得大家引以为戒。

另外，还有一种人被称为"反社会人格"（sociopath），这种人不觉得虐待他人是一种犯罪，在虐待他人的时候非但没有罪恶感，反倒有种快乐感，行为特征比回避依赖症者有过之而无不及。"反社会人格"的人能把被自己伤害的妻子或孩子送到医院就算是相当不错了，大多数对被虐一方不管不问，甚至伤害程度令人发指。真心希望这种人永远不要在这个世界上存在，别来残害无辜的人。当然，那些确实受到这类人伤害甚至是虐待的家人、恋人或亲人，在谈及深层心理问题之前，最好还是先去相关的心理咨询机构做些咨询，受害者一定要亲自去，不能只是打打电话，那是解决不了问题的。总之，遇到这类问题一定要立刻采取断然的拒绝措施，千万不能心慈手软，否则只能给自己带来巨大的灾难，永无安宁之日。

第四章

浪漫依赖

——追求惊险刺激的人

一个平平淡淡的故事

"这是我做的,怎么样?"真理子一边递给我她亲手制作的蓝莓冰激凌,一边与我侃侃而谈,她32岁才结的婚,到现在整三年,结了婚不久就辞职了,回家做起了全职太太,一天到晚总是笑哈哈的,给人的感觉是个非常幸福的女性。

"和我丈夫嘉阳是一起进公司的,一进公司我们就认识了,但正式和嘉阳交往是认识三年以后开始的,在那之前只是一般的朋友而已,不是恋爱处对象的关系。"(笑)

我和真理子是中学时代的朋友,一点也不陌生,我们一边喝着红茶,一边聊天。

"怎么就处上对象了呢?是缘分吗?"我问。

"到了第三年,我们会社招聘新员工,那几天几乎每天晚上都有小型的聚会,我们总在一起吃饭,饭后一起回家,就这么自然而然地交往起来了，也算是缘分使然吧。"

"那个时候到底算是一种什么关系呢？是谈朋友？"我穷追不舍。

"当时也没什么特别的关系，周末一起约会，开车出去兜风，一起去看电影，两个人都喜欢看法国电影，喜欢吃法式餐厅，聊着聊着就聊到新婚旅行的问题上了，我们都喜欢去法国。"

"好家伙，都打算结婚了！"

"大约过了两年多的时间吧，我们的关系基本上就确定了，我也不打算再继续工作了，他说最最希望的就是每天下班回到家的时候，能看到家里有个女主人恭迎他回家，一直憧憬着两个人的生活。我也在想，结婚不就是两个人有了默契之后就顺其自然地结合在一起吗？求婚的时候男人不都这么说吗：我们该结婚了，嫁给我吧。然后，女孩说：好的。之后两个人就走到一起了，大家不都是这样吗？"

"也许是这样吧。你丈夫是个什么样的人？"

"很不错的人，对我什么抱怨都没有，我因为不工作只在家里做家务，起居有点懒散，弄得身体有些发福了。最近我很想减肥，也不怎么喝酒了，我特别喜欢打网球，这不很好吗，我们一直像朋友一样，感觉是非常好的。"

"真的没有任何问题吗？因为我是搞心理学的，习惯性地会对一些小事提出很多的质疑，倒不是故意想整出点什么问题来。听你这么说来，你们是很幸福的。"

"嗯,当然是幸福的。我觉得选择他是对的,我庆幸我的选择。"

之后,我看了他们两个人的婚礼和新婚旅行的录像视频,又听她谈了一些他们结婚以后的事情,确实感受到他们的婚姻生活是那种平凡中的幸福。平常真理子在家做家务,喜欢做各式各样的烹饪料理,对一些新的料理非常感兴趣,经常做些好吃的东西送给邻居,和周围的邻居关系处得也很好。另外,能让老公吃上自己做的可口的饭菜是她最高兴的事情,这足以说明两个人的感情是和睦的。他们的婚姻生活过得虽然平凡,但有滋有味。小两口每周还出去打打网球,偶尔开车出去兜兜风,估计差不多现在可能已经有孩子了。

把上面的故事浪漫化改编

说实在的,在了解了真理子的故事以后,说不定你会有以下几种感受:"无聊""无趣""没意思""这就完了?""为什么把这么无聊的东西写进书里?""应该还有下文吧?"

那么,再看看下面经过改编之后的故事又会做何感想呢?

真理子曾经有个单相思的男性,那个男生是和她一同进公司的朋友。但那个男生从学生时代起就有一个和结婚对象差不多的女朋友,他们几乎没有分手的可能。真理子为此很痛苦,想把自己的爱慕之情告诉他，但真理子知道，对方根本没有接纳自己的可能，但如果不告诉他，真理子就只能这样默默地和他做普通朋友。那段时间，真理子非常苦恼，为了忘记他，真理子毅然决然地接受了嘉阳的求婚。令他们尴尬的是，嘉阳也知道这件事，只是默不作声而已，但更令真理子心烦的是，到现在她的脑海里还不时地浮现出她喜欢的那个人的身影……

嘉阳的父亲拥有一家大型的集团企业，是公司的董事长，嘉阳迟早是要继承父亲这家公司的。父亲为了让儿子得到锻炼，将来能顺利接班，不让嘉阳那么早就在自己身边工作，因为那样对嘉阳的成长没有好处，他可能什么都学不到，说不定还会养成一些富二代、纨绔子弟的坏习气。日本的企业家都不把孩子放在自己身边工作，就是害怕影响他们的发展，等到他们实践经验很丰富了，吃了很多苦以后才回来逐步接管自己的家族企业。

而真理子的家庭是非常普通的，在知道了嘉阳的身世之后，真理子深感两个人的身份差距太大了，有些忐忑不安。但嘉阳对她展开了激烈的攻势，有感于嘉阳的这份痴情，真理子最终接受了嘉阳的追求，关系就这样确定了下来。但是，一结了婚，真理子就发现嘉阳的父母果然是非常严厉的，一有点什么事情就责备她，甚至会说出"真理子在这个家庭是不合适的"这样的话，意思就是让她知道，她在这个家庭是不受欢迎的。但嘉阳是爱她的，正因为有嘉阳的爱和支持，她才没有离开……

其实，在真理子平静的笑容背后，还隐藏着另外一个大家意想不到的惊天秘密，这个秘密算不上光彩，直接颠覆了真理子温柔贤惠的好女人形象。结了婚以后的真理子另外还交往着两个"男朋友"：一个是学生时代的前男友，另一个是在公司上班的时候就认识的小她七岁半的大学生，这应该算是一段不伦之恋吧。真理子和他们两个几乎每周都见面，虽然已经结了婚，但和其他男人断了交往会令真理子很难受，只不过减少了和其他男人交往的频度而已，如果是结婚之前的话，她和那两个男人的联系可能会更加的频繁密切。

但不可否认的是，她确确实实是深爱着嘉阳的，家务做得也很好，嘉阳也从来没有怀疑过结了婚的妻子还会有这种事。真理子并不认为自己是个好女人，她能意识到自己是有问题的，只是觉得自己没有办法控制而已。

怎么样？看到这里你是不是来兴趣了？比刚才有意思多了吧？

你可能会继续发问，为什么在开始的时候，把真理子的故事写得那么无聊呢？为什么不直接写后面这一段呢？为什么要蛇头虎尾地给大家这样一种头轻脚重的期待呢？既然真理子拥有幸福的爱情和婚姻生活，她为什么还不满足呢？

爱到底是什么？

为了搞清楚这个问题，我们从源头上展开分析。

自古以来，许多作家、哲学家、心理学家把爱分成很多种类型，对"爱"做过很多深刻的剖析。举个例子，法国19世纪著名的现实主义作家司汤达对恋爱、婚姻、家庭、情感做了细致的研究，他把爱分为①狂热的爱（哪怕就只有一天，也得爱个死去活来）、②游戏式的爱（半玩耍半游戏的爱）、③生理的爱（为了满足生理需求的爱）、④贪图虚荣的爱（徒有虚表和为了满足虚荣心的爱）四个类型。

社会心理学家鲁宾把感情关系中的"爱情"和"喜欢"进行了严格地区分，明确提出好感和喜欢是以对对方的高度评价和尊敬为特征的，是以仰慕心理为基础的，主要感觉是欣赏，没有占有的欲望。而爱的感觉是要和对方随时在一起，有亲近对方的欲望，而且想要独自占有对方，是以排斥他人独自占有对方为特征的，"爱情"和"喜欢"不是一个概念。

心理学家皮特·菲尔德把爱分为"炽热的爱"和"友谊的爱"两种，所谓"炽热的爱"就是喜悦伴随着痛苦与强烈的感情交织在一起，这种爱一般是爱恨交加。所谓"友谊的爱"是将友情、关怀和理解融为一体，是一种波澜不惊、平和宁静的爱，这种爱很少有战争，也不会轰轰烈烈，是一种安静祥和的爱。

心理专家罗莉对大量的婚恋关系也进行了深入的研究，最后把爱分成了六个类型：①游戏的爱、②疯狂的爱、③理性的爱、④求美的爱、⑤友情的爱、⑥对别人的爱。

别小看表面上简单的"爱"的问题，这里面其实是非常复杂的，可以说形式多样种类繁多，想彻底搞清这个问题，不是一件简单的事情。

假如一对情侣坐在酒吧里，一边喝着咖啡、红茶，一边慢条斯理地闲聊，一边摆弄着手机电脑，也许谈论的话题就是围绕着"爱情"这个主题，但前提是两个人对"爱"的问题要有共同的认识，才能在相互理解的基础上愉快地交谈。当然也会有话不投机的时候，分歧与尴尬谁都会遇到，比如不理解对方的行为，给对方提出的建议对方不接受，自己的心情对方不理解，等等，这些问题足以考验一个人的"爱情情商"，也就是每个人对恋爱问题的处理方法，人和人在这方面差距是很大的，举个极端一点的例子，有人把狂热的性爱当成爱的全部，他们的爱情字典里就一个字，"性"，还有一种人和这种人正相反，把脱离了肉体关系的柏拉图式的爱当成是真正的爱，可见对爱的认识和态度，人与人之间差距是很大的。

仔细阅读下面的话，在（　）里填上适当的内容，好好地考虑一下，要凭直觉回答每一个问题。

☐所谓的爱就是（　）。

☐为获得爱（　）是必要的。

☐（　）不能说就是爱。

☐爱最重要的是（　）。

☐爱仿佛就像是（　）。

☐我所喜欢的人最重要的条件是（　）。

以上是运用"语言填空法"进行的心理测试，在"我……""假如我……"等未完成的一句话（也叫"刺激性语句"）中，由被试者填写空白的部分。被试者的个性、特点、价值观、恋爱观等等都能通过所填写的内容反映出来。比如对"所谓的爱就是……"这句简单的问话，人们的回答是各式各样、千姿百态的，但关于这个问题的答案，心理学会给出相应的解释。

①"爱，是我人生中最重要的东西。"（19岁，女性）

②"爱，心境来说是最重要的东西。"（25岁，男性）

③"爱，就是体谅人的一颗心。"（24岁，女性）

④"爱，就是一种即便牺牲了自己也要让对方幸福的心情。"（30岁，男性）

⑤"爱，其实是一种伪善的东西。"（20岁，男性）

⑥"爱，是不可靠的东西。"（26岁，女性）

就这个问题的答案，我大致把回答者分为三类，一是①和②这类把"爱"看得高于一切的"爱情至上"类型，这种人认为爱是最有价值的东西，有爱才能拥有一切，爱比任何东西都重要。他们倒未必是受到了宗教方面的影响而对爱如此执着，多半是因为家庭环境和成长背景的影响，使他们对"爱"产生了一种极端唯美的崇仰心境。相反，如果是因为爱而受到了伤害，这种情况下他们未必会彻底地否定"爱"，但对那个伤害自己或曾经相信过的人会有否定感和不信任感，这时对爱和曾经爱过的人会产生两种极端的心态，唯美的爱情依然令他们向往，但被欺骗与伤害的现实同样令他们沮丧，这是一种很矛盾的心理状态。

第二种是③和④这类"分析"类型，这种类型似乎不太注重个人的主观感受和感情互动，只是一味地为他人付出感情，也会时不常地给"爱是何物"下定义。有人称他们为哲学家类型，其实他们未必真客观、真哲学。这个类型与其说是忘我地爱他人，倒不如说只会单纯地付出爱更准确（其实是不会爱）。即便是在热恋之中，人也不能没有自我，尤其是对自我感受的客观评价，如果连自己的感受都不在意了的话，那是非常不健康的，说得直白一点，人不能光为了别人而活着，忘了自我而只顾他人，这应该是机器而非人。在婚姻恋爱问题上，一旦陷入单向的"忘我付出"型的婚恋关系之后，这种关系其实就已经变得挺可怕了，因为这种关系只有光鲜的表面，内里不是相互之间的爱和情感，终究是会出问题的。

第三是⑤和⑥这种对"爱"表现出恐惧心理的类型，"伪善"和"不可靠"的表达背后其实隐藏着一种惧怕真爱的心理，他们未必从根本上否定爱，抑或说他们也想去相信爱，但又觉得真爱很可怕（可能曾经被真爱伤害过），因此得出"真爱"是"伪善"的和"不可靠"的结论。这和第一种"爱情至上"的类型其实从根本上是一样的，只不过是另一种相反的表达而已。综合考虑各种因素进行归纳的话，我认为"爱"其实就是一种自我满足，是对自我的一种保护和自我实现的手段，说白了它是一种"自我防卫"的机制，爱别人就是在爱自己，

> "爱情至上"类型，认为爱比任何东西都重要；"分析"类型，只是一味地为他人付出感情，与其说是忘我地爱他人，倒不如说只会单纯地付出爱更准确（其实是不会爱）；对"爱"表现出恐惧心理的类型，未必从根本上否定爱，抑或说也想去相信爱，但又觉得真爱很可怕。

是为了满足自己的需要、实现对自己的自我保护才去爱别人的。我这样说可能有些人不一定认同，但实际意义确实如此。所以，如果能预先考虑清楚"爱"的意义到底是什么的话，在以后的交往、恋爱、婚姻及情感生活中就不会因爱的困惑而遭受太大的伤害了。

只追求刺激和性爱的人

这样吧，我们通过真理子的故事再次加深一下对爱的各种形式和特点的认识。

很多人认为这个故事的开头是很无聊的，因为故事缺乏生动且有吸引力的内容，如果加上一些热情的、刺激性的内容说不定会很好看。显然，司汤达的"狂热的爱"和罗莉的"疯狂的爱"与真理子的婚姻故事是不相吻合的，而皮特·菲尔德的"友谊的爱"和真理子的故事应该是非常接近的，基本上属于同一种类型，其特点是爱情生活中感觉不到生动和乐趣，平淡得就像白开水一样。

如果我把真理子的故事和经过改编了以后的故事都拍成电视剧，请问大家想看哪一部？我想几乎所有的人都会不假思索地选择后者，但是，如果换做是自己的话，是想要温和平凡的爱呢？还是想要危险刺激的爱呢？恐怕这个问题就不好一边倒地迅速做出回答了。有些人即便想体验一把危险刺激的爱，恐怕也是战战兢兢，不敢贸然涉险，因为谁都知道危险刺激的爱绝不会是只带来幸福，只秀恩爱的"爱情新干线"，而是一趟如坐针毡、高低起伏、疯狂不止的"爱情过山车",中间的过程可能会有一些惊心动魄或疯狂的刺激,但这些东西对一般人来说,恐怕一生只体验一次就足够了,如果这辈子天天玩这种游戏,恐怕不是一般人能承受得了的。

但问题是现实生活中还真有不少人会毫不犹豫地选择后者,甚至曾经反反复复多次体验过这种极具危险和刺激性的爱情游戏,对平静平凡的爱不屑一顾,认为平凡的爱毫无激情,根本满足不了自己。

本章着重讨论"浪漫依赖"这方面的问题。过去"浪漫"的东西多见于传奇文学作品里面,带有很强的幻想色彩,多与波折、冒险、英雄、刺激、挑战等等相关联。现在的浪漫（罗曼蒂克）往往都是指恋爱的事,但幻想和刺激这两个要点依然是浪漫之事非常突出且具共性的要点。有人把陷入"浪漫依赖"的恋爱比喻成沉浸在幻想世界里面的一次"梦游",这个比喻挺恰当,其实就是体味着超现实的自我,把真实的自我融化在了"虚幻的甜蜜"里,根本不去想正在面临着的惊涛骇浪的现实,就喜欢兴奋、热烈、危险、波折这些惊险刺激的东西,根本不顾及自身身心的扭曲和疲惫,一天到晚沉浸在这种激情四射的情绪情感里面,好像没有激情就没法生存一样,始终抱着一种强烈的浪漫情怀。

与恋爱依赖症的其他类型相比,浪漫依赖对人的伤害程度应该说是最小的,但数量绝对是最多的,几乎每个人都有可能深陷其中,而且身边这种危险因素也是普遍存在的。你有没有这种倾向呢？来测试一下,马上就知道了。

检查点

☐ 想夺走朋友的恋人或曾经有过类似的行为。

☐ 喜欢已经有恋人的人或已婚者。

☐ 对自己有好感的人,自己对其有兴趣。

☐ 就喜欢追逐的过程,这个时候自己的状态最好,一旦把对方追到手了,也就不感兴趣了。

☐ 有过不伦之恋(不健康的男女关系、外遇等)

☐ 想和自己身份不同的人、外国人、和自己完全不在同一个世界里的人谈情说爱。

☐ 父母、亲戚、好友都反对,还有道德法律方面的问题,但越是有阻力就越想做这件有悖伦理的情爱之事。

☐ 一见钟情,一眨眼的工夫就坠入爱河,这样的事经常发生。

☐ 很短的时间就厌倦了对方,恋爱关系急剧冷却的事常有发生。

☐ 本来就知道对方的态度(不可能和自己有结果),但还是一意孤行,最终希望还是落空了,这样的事很多。

☐ 与自己的恋爱对象相比较,总觉得还是与电影、电视剧、小说里边的人物谈情说爱更幸福。

☐ 特别喜欢在大海边、豪华的餐厅、能看夜景的酒吧等等这些地方突然拿出(或得到)礼物,喜欢在约会中制造浪漫和惊喜。

☐ 总是会喜欢和自己没有一点关系的人。

☐ 对所谓的好人不太感兴趣。

☐ 认为周围人的恋爱都挺无趣的。

□如今的生活很无聊，经常做"灰姑娘"转世的梦。
□容易被充满神秘色彩的人所吸引。
□对一点谱都没有的爱情满怀憧憬。

权当一个参照，如果有 5 个以上的选项成立的话，说明浪漫依赖的倾向比较强了。列举各个选项的用意在阅读本章的过程中会逐渐明朗。为了更具体地理解浪漫依赖症，下面再介绍一个实际的例子，顺便一提，故事的主人公在上面的测试中，有十个以上的选项是符合她的，可见其浪漫依赖的问题有多么严重。

继续等待"白马王子"

【例9】

妙子（27岁，公司职员）

"白马王子真的会出现吗？"妙子最近变得快没有信心了。她从小的梦想就是能成为新娘，对职业女性、职场恋爱、结婚退职、住两室一厅的公寓、在家相夫教子等等这些普通的生活不感兴趣，假如人生是这般平庸的话，那还不如不来到这个世界呢。当然平凡的生活也不能说不幸福，妙子并没有从根本上否定这种幸福，只是对她来说，她不愿接受这种生活。

青春期的时候在动画片中看过不少极致唯美的爱情故事，随着年龄的增长，有关青春爱情题材的小说、电影、电视剧看得越来越多，范围也越来越广，她的房间里处处摆放的全是恋爱小说和漫画，同学见了都嘲笑她说："你都多大了，还看这些少男少女的东西，还是现实点吧，你还想不想通过毕业考试了。"她反击说："我觉得这样挺好的，我是永远的《梦中少女》（日本一部流行的儿童动画片）。"话是这么说，但她多少也能感觉到自己和常人有些不一样的地方，所以多少也有些羞涩感。

她现在的情况怎样呢？妙子曾经在一本杂志上看到过"恋爱体质"这个词，她认为自己就属于这种"体质"。一天到晚不吃不喝可以，不谈恋爱不行，与那本杂志上所描述的"恋爱体质"完全一样。不谈恋爱心情就会十分低落，为了能让自己充实，就只能不停地谈恋爱。男友换了一个又一个，相处时间最长的一年，最短的几天，有时也会同时和几个男性交往。到现在也数不清交往过多少男朋友了，仅大学毕业以后就交往了不下十几个吧。为什么总是不顺利呢？为什么总是有始无终，没有一个能修成正果的呢？为什么就不能像她想象的那样，先谈一场轰轰烈烈的恋爱，两个人双双坠入情网，爱个死去活来，然后结束恋爱，走进婚姻呢？为什么就是找不到这种真爱的感觉和值得爱的对象呢！

在她的恋爱过程中基本模式大致有两个，每次的恋爱过程都跑不出这两种情况：一是遇上了自己非常喜欢的男生，无论如何都想得到对方，但最终总是会被对方放弃，幸好自己的感情还没有完全投入进去；另一种情况是对方是个不错的人，但还是感觉缺少了点男人应有的魅力，分手也行，不分手也行，她的想法挺矛盾的，继续下去也不是不可以，但问题是一直这样保持下去呢，她又觉得挺无聊的，关键是没有心跳的感觉，所以，最终还是妙子提出分手，虽然没有什么特别的理由。按妙子的说法，也确实是因为找不出继续交往的理由，所以，还是继续寻找能让自己心跳的恋爱去吧。

对自己非常喜欢的男友最终没有到手的原因，妙子也非常清楚，那样的男人不仅自己喜欢，别人同样也会喜欢，女友换了一茬又一茬，他们的恋爱经验可不是一般的丰富，说不定是阅人无数呢。对于女性的一切，包括习惯、习性、心理甚至生理等等，他们一点都不陌生。怎么做才能让女性高兴，怎么做才能让女性心情舒畅，他们太熟悉、太清楚了，一个男人对女性的事情如此了解，妙子作为女人都觉得挺难接受的。尽管妙子不喜欢这种人对女性的这份精通，但对他们富有魅力的音容笑貌、言谈举止，是没有丝毫抵抗力的，会完全被他们的一举一动所折服，可以说欲罢不能。和这种人在一起的时候真有种"影视作品"里女主角的感觉，似乎自己的一切都是那么完美。一旦从梦境里走出来，妙子才切实地感到，其实，自己在重复着过去多少女孩子都做过的事情，就是像火一样灼热地爱着这个男人，但实际上他对与女孩子之间的爱情故事早已习以为常、波澜不惊了。尽管明白这个道理，还是期待着能和他最终走进婚姻，过上幸福的婚姻生活。

例如，原先在银座有个老式的点心店，经朋友介绍，妙子认识了这家点心店主人的长子，很快建立起恋爱关系。对方比她大五岁，模样长得虽然很普通，但很有气质和风度，是个很潇洒很爽朗的人，店里员工都管他叫"大少爷"。他只要到店里来，便和员工们有说有笑，没有任何拘束，甚至连钱什么的都可以随便使用。和妙子交往了还不到一个月，他就把妙子当成年轻的老板娘了，让她插手店里的很多事情。但毕竟她是普通人家出身，对于店铺经营和管理上的这些事情，没有一点经验，即便有热情也是心有余而力不足。交往了两个月之后，"大少爷"头都不回地又去找别的女朋友去了。

妙子也有和外国人交往的经历。那是一个从澳大利亚来日本求学的留学生，和妙子同岁，在日本一边学习，一边在一所英语会话学校当英语老师，主要为那些出国旅游的人做短期的英语培训，教大家一些简单的英语常用语。他人长得很帅，一米八的个头，金发碧眼，非常健美的身材，就像是外国电影里的明星一样。因为他的日语不好，所以妙子和他的沟通交流很费劲，妙子对此却毫不在意，相反，正因为语言沟通不畅，反倒对他更有一份神秘感，觉得他是一个魅力十足的男人。

妙子很不擅长用英语写情书，但她还是竭尽全力去表达对他的爱意，很快他们就开始了一段跨国恋。接下来一切都是新的，从他故乡的语言开始，他的想法，他的行为模式，和日本男人完全不一样的"女性优先"的意识、他的来自不同国家的很多外国朋友，这让妙子觉得自己仿佛一下子也成了一个外国人，有种置身世界大家庭的感觉。

然而，相处了半年多的时间后，忽然有一天，妙子从他的口中得知他是有婚约在身的人，在故乡有一位认识很久且已经订了婚的女朋友，现在准备回国去结婚。这一切虽然都是他亲口说的，但到底是真是假也无法确认，最后只能无奈地离开了他。

妙子也曾经与一位有妇之夫有过一段不伦之恋。

那个男人在一家传媒公司工作，看上去像是个很体面的媒体人，和很多俱乐部都熟悉。虽然年龄比妙子大十几岁，但穿着打扮却非常前卫时髦，像是个非常时尚的年轻人。虽然妙子对他所从事的行业不了解，但对他的优雅谈吐和气质非常欣赏，不知不觉就被他的倜傥风度吸引了。他告诉妙子自己是有家室的人，但这都是无所谓的事情，他说妻子在外面也有自己喜欢的异性朋友，他和妻子互不干涉，这是夫妻俩相互认同的事情。妙子听了觉得有点不可思议，怎么还有这样的夫妻呢。她可是从来没当过"小三"，从来没破坏过别人的家庭，也没有与有妇之夫谈过这种冒险的不伦恋爱，觉得心里有些说不出来的怪怪的感觉。两个人出去吃饭跟做贼似的，就怕被熟人看见。去酒店约会也是鬼鬼祟祟的，生怕被熟人认出来。平常两个人在一起的时候只能面对一些生面孔，只要遇到个熟人就紧张兮兮的，好像正在做一件见不得人的极不光彩的事。妙子毕竟是个光明正大的未婚女孩，自从跟他相处之后就觉得自己好像变成了"地下工作者"，有种"见光死"的感觉，弄得心里很委屈很难受。

他给妙子最突出的印象就是老在妙子面前显示"他是个人

物"，老吹嘘自己见的世面多，接触的人多，修养层次高，文化水平高，等等，妙子对这些并不感兴趣，妙子欣赏的是他这个人的风度和气质。有时妙子会想去哪里玩玩，干点什么，但只要妙子提出的要求都会被他否定，好像妙子的要求都是过分的，都不合他的心意，只有他的意见是对的是客观的。这令妙子很心烦，本来妙子就觉得跟他的交往是不应该的，是在玩一个危险的游戏，所以也在考虑如何结束这种关系。就在这时他却又对妙子大吹，除了妙子以外他还有其他喜欢的女人，一直在跟她们交往着，只要他发出邀请，那些女人就会出来，然后和他一起吃饭，然后再去宾馆开房做爱，等等。听了这些以后，妙子更是下决心要离开他了，这到底是个什么人啊！简直就是个不知廉耻的流氓。

妙子一心想找"白马王子"的愿望开始动摇了，难道"白马王子"不现实吗？难道在自己的生命里真的就遇不到了吗？自己的恋爱到底出了什么问题？真的是爱情小说电影看多了？跟大家一样追求幸福不能说不对吧？唉！与其活在梦里，不如活得现实一点好，但是……

不撞南墙不回头，不见棺材不落泪

【例10】

香织（24岁，研究生）

专攻英国文学专业的硕士研究生香织学业马上就要结束了，

即将迈出学术人生的第一步，但对于恋爱这个问题，她的经验或经历可谓是同龄人或一般人一生的经验所不能比的，为什么这么说呢，因为到现在为止她已经谈了不下五十场恋爱，曾经有过五十多位男朋友！太惊人了！

她曾经为杂志当过模特，是个非常漂亮出众的女孩子，男人见了没有不多看她两眼的。既然那么出众，怎么会谈那么多次恋爱呢？大家都有种惯性思维，一般漂亮出众的女孩子，找对象谈恋爱都是非常令人羡慕的，至少都是很顺利的，一般早早就订下了终身，很少换来换去的，一般都是不好找对象的"老大难"才会找一个不成再换一个。香织认为交友不能光看数量，主要还是得看有没有符合自己要求和标准的合格"人才"，有时她会同时交往几个男朋友，要结束的时候说不定一起就都结束了，看起来好像交了一大帮男朋友，其实真正认认真真谈恋爱的也没几个。但别人可不这么认为，大家觉得香织有点另类，不是个好女孩，是个很危险的女孩，都对她另眼相看。她自己倒没觉得有什么问题，觉得谈恋爱次数多是很正常的事情，她没做什么坏事，也没想太多，不经意地就成了这个样子。

其实周围那么多男人围着她，也很令她烦恼，不是这个说喜欢她，就是那个提出要跟她交朋友，让她很难堪，所以经常对这些男人横眉冷目，出言不逊，香织的朋友经常责备她做得太过分了，得罪了那么多喜欢她的人，问题是香织并不喜欢这些人啊，无论他们多么优秀，只要香织对他们不感兴趣，他们无论再怎么表白都是徒劳。

那么,什么样的男性才能引起香织的兴趣呢?

"即便遇到了我所喜欢的男人,哼!我也不愿意对他们低三下四的,我不愿搭理那种不懂得谦让人的男人,和那样的男人交往,刚开始的时候还能有点新鲜感,越处越没意思,就想赶紧把他蹬掉,我是不是快成了个男人了,看来我得算是个'肉食系女子'[1]了,哈(笑)。"

老想着卸包袱,把不喜欢的人赶紧甩掉,这确实有点男人的味道。一般来说,男性都愿意主动搭讪女性,即便是没有到手的可能,也愿意追追试试。当然,多数男性还是会选择努把力就可以追到手的女性,这比较现实,在追女孩子方面虽然男孩子都有"癞蛤蟆"心理,都想吃到天鹅肉,都想找个天仙美女,但好高骛远的结果往往是体力耗尽,心思费尽,最后还是落个竹篮打水一场空。所以,男人最终还是学会了用务实的精神去寻找自己的另一半。对于缺乏自信心的男性,在追女孩子的时候,最在意的是自己的想法是否能够实现,对方能否接受自己的要求,这种男人常常是诚惶诚恐的,有时连向对方提出要求的胆量都没有。假如已经有这么几个算是已经到手的异性朋友,干嘛不在她们当中挑选

---

[1] 肉食系女子,又称肉食女,这一词语最早在书中出现,是对现代某一类女性的称呼。这类女性多为白领或女强人,她们虽阅人无数,却迟迟不想结婚,一旦看见中意的人,就如饿虎扑食一般主动表达爱意,完全不顾旁人的看法。她们既聪明又有活力,追求时尚,懂得打扮,注重感官享受,开放随性,讲究个性,追求自由,对待爱情更是主动出击,在她们眼里"爱情面前人人平等"。因其行为方式与肉食动物有相似之处,故称之为肉食女。

一个，权当是临时抱抱佛脚也好吧，总比没人陪一个人单着强吧。香织也有这种想法，她一直不停地在交往，即便没有真正相中的人，也不想让自己"闲着"，这才是她交友的真正动机。香织经常说，干嘛把那些朋友都扔掉呢！没事的时候跟这个聊聊，跟那个一起出去玩玩，也挺开心的，跟他们的交往有时就像玩升级游戏，过了一关又一关，胜了一个又一个，比玩简单单一的游戏有意思多了。

香织上高中的时候，也有过一次擦肩而过的感情经历。当时有个在全校数一数二（才貌双全）的男生对她有点意思，但那时的香织非常清高，对男孩子投来的爱慕目光不屑一顾。但她却喜欢被男孩子追逐的感觉，只是因为那个男生没有进一步的动作，他们的故事就到此为止了。在大学里又遇到了一个更加出众的男生，他是校俱乐部的人气DJ，还兼做模特演员，他制作的音乐被灌成唱片，卖得还相当不错。香织对他印象也很好，但她可不愿意当"追星族"，在她的潜意识里，要追也是别人追自己，绝不可能是自己上赶着去追别人。结果碰巧对方也是个很清高的人，甚至对女性本来就不怎么感兴趣，性格还非常内向，这次机会又错过了。

看来，只要是一开始对她不太热情抑或不太主动的人，条件再好（模特也好，音乐天才也罢），香织也不会主动追求对方。她最讨厌那种爱情不单纯、目标不专一、慢慢"挪动着屁股"一点一点靠近自己的人，她要的是第一目标就选择她的人，从一开始就要有明确的方向、积极的表现、热情的表达。如果一面虚情假意，一面又想和她约会、亲吻、爱爱之类的，她是非常讨厌的。

确实，香织没有向别人求爱的愿望，关键是没有那种心情，她觉得没有哪个男人值得她放下尊严去追求。虽然她不主动去追求男人，但未必排斥和男性的交往，甚至会在这个交往过程中身处被动抑或跌入"陷阱"，这个"陷阱"恰恰就是她自己造就的与那些"男友"们过频过密的"交往过程"。老是不断地重复着和不同的"男友"吃饭约会的套路，这样一来，原来对她没敢太投入、太认真的男性会在频繁的交往中真实地爱上她，至少会认为香织对自己是有情有义的，否则怎么会一直和自己频繁交往呢。确实没把对方当成恋人，仅仅是作为一般朋友交往的香织，会逐渐地感觉到对方要动真格的了（真的喜欢上了自己），于是，她赶紧刹车，结束游戏，终结关系。

如果对方一开始就频繁地发出约会邀请，或者说一些"我爱你"，"我喜欢你"之类的话，香织可能早就把他们拒绝了，当然，理由一定是不喜欢对方。正是因为这个原因，对方的目的性越强，香织越是会排斥他。虽然香织喜欢男人把自己作为第一目标，但要接受对方是有前提的，那就是她也得喜欢对方才行，否则就只能跟对方说再见啦。纵观香织交往过的这些"男友"，有刚认识没两天就拜拜的；有交往了一段时间，对方想进一步和她发展关系被她婉言拒绝的；还有聊着聊着就没了下文，属于"自然减员"类型的，等等等等，总之持续的时间都不长，一般三个月左右就是极限。

爱情激素

以上讲述了两个典型的浪漫依赖的爱情故事。对妙子来说,"白马王子"一直存在于她美好的梦境当中;对香织来说激发起挑战精神是恋爱的必要条件,恋爱一定要有刺激,这是香织对恋爱问题的认知模式,也是浪漫依赖者的共同认识。

为什么会形成这样的认知模式呢?解读这个问题的关键在于了解人的一种生理因素,人一旦恋爱体内就会分泌出一种物质,这种物质学名叫苯乙胺(PEA),俗称"爱情激素"。苯乙胺和苯丙胺(苯基乙丙胺)具有相似的作用,苯丙胺就是人们常说的兴奋剂,兴奋剂的作用就是强烈地刺激中枢神经,使人处于高强度的兴奋状态。人服用这种药物会出现警觉性、主动性和自信心提高,失落感、疲劳感减低,语言增多,注意力集中,体内充满能量和活力的感觉,抑郁的心情会大为改观,积极主动的心境大为高涨。一旦药物中断,人会出现严重的反弹,过去的疲劳感、抑郁等特征会再度袭来,所以得不断地重复用药。正是因为人对这种药物的依赖性,所以长期服用这种药物的人会陷入一种循环状态。

苯乙胺是我们身体创造出的天然的兴奋剂,虽然它的产生机制和机理到目前为止还不为人知,但人一旦恋爱,这个天然的兴奋剂就会大量地分泌,这个事实已经被证实。我们可以这样来理解这种现象,人在陷入恋爱的时候肯定是爱和激情席卷全身,激素分泌水平应该和往常有所不同,记得有人曾说过这样的话:世间万物皆因色起,这个"色"就是指人的感情、激情抑或性情之类的。相反,如果恋爱失利,人就像一下子跌入了万丈深渊,这时的苯乙胺值会变得很低很低,就如同停止了兴奋剂的使用,人就会变得百无聊赖、无精打采。

爱情经历未必带来良好的经验

恋爱过程中会有一系列巨大的情绪情感波动,苯乙胺在这方面起着非常大的生理调节作用,换句话说,人的喜怒哀乐很大程度上取决于苯乙胺这个因素。而且有一种人专门靠苯乙胺的生理作用给自己带来快乐抑或是痛苦。

苯乙胺还有另外一个重要的作用,那就是抗抑郁和抑制食欲,这就是为什么人在恋爱的时候会兴高采烈、废寝忘食、不知疲倦,就是苯乙胺在起作用。因此,人在心情低落的时候最好去找人谈场恋爱,谈情说爱是解决情绪低落的最好方法。只要是有抑郁倾向的人(心情容易低落的人、整天有气无力无精打采的人、精神易疲劳的人)都会对苯乙胺这种药物有高强度的依赖性(如果使用的话)。其实,并不是只有抑郁倾向的人会依赖于苯乙胺这种物质或药物,几乎所有"习得性"的快乐经验,都有类似的规律,比如,你过去曾经有过强烈的爱情经历和经验,那对苯乙胺的依赖程度绝对小不了,只是自己能不能意识得到的问题。

开个玩笑,做个小小的假设,假如哪个国家规定不允许帅哥和靓妹之间谈恋爱,即帅哥不能娶美女,美女也不能嫁帅哥,那我们普通人的心情可以想见了吧,绝对是兴高采烈,幸福无比啦!因为我们都可以嫁帅哥,娶美女啦!假如这是个事实的话,那我们都会有一种强烈的(找帅哥找美女的)经验体会,在与帅哥美女谈恋爱的时候,我们的体内会大量地分泌苯乙胺这种物质,就像服用了纯度很高的兴奋剂一样,感觉浑身上下精力充沛,力量无穷。在这种情况下,你的身体会记录这种快感,当心情不好的时候,曾经有过的那种强烈的快乐情愫会催促你再去寻找那种交往或机会。就像心烦的人想找酒喝一样,只要喝上酒,一切的烦恼就都抛之脑后了。所以,人(尤其是男人)只要心情不好的时候就想出去大喝一场,酒精会对人的中枢神经起麻痹作用,会让人感觉很"幸福",因此,人就会在烦恼的时候对酒产生依赖,这和人对幸福快乐的经验感受产生依赖是一个道理。

苯乙胺数值较高的人特别喜欢看浪漫的电影小说,喜欢沉溺于浪漫的幻想之中,而且深陷其中不能自拔。因为在这种过去曾经有过的浪漫经验中,她(他)可以尽情地象(幻想)自己曾经拥有过的幸福时光。因为毕竟是沉溺于幻想当中(想象的成分高于现实),所以比起直接的现实经验来说,她(他)们想象的东西对她(他)们的影响更大,这是很好理解的。

比如,经常会把自己和电影小说中的男女主角相对照,这种对照能够让她(他)们得到一种刺激感、陶醉感、兴奋感和满足感。她(他)们会幻想如果自己是电影或小说中的主人公的话会怎样,如果是个具有挑战性、戏剧性和刺激性的故事,她(他)们又曾经有过类似的经验和体会的话，那就更是感同身受了，她（他）们的经验越是丰富，过去的经历越是浪漫，她（他）们的感受就越是刺激，快乐和兴奋的感觉就越是强烈。所以，浪漫依赖症者们对"普通的恋爱""平静的恋爱"是极不感兴趣的，她（他）们嫌那种恋爱不刺激，缺乏激情。

不伦之恋、多角之恋、夺人之爱的掠夺之恋，大家都认为是非常怪异的人、亲人好友都反对的人、与自己各方面条件悬殊的人、和自己完全是两个世界的人……在以上的恋爱抑或交往中，与其说是在体会一种罗曼蒂克的浪漫，不如说干脆就是在玩心跳，在玩一种危险的交往游戏，因为毕竟追求的不是平和的东西，而是以刺激为主要目标的情爱体验。她（他）们当中绝大多数的人都有一个共同的爱好，那就是经常在极短的时间内不停地更换恋爱对象，要么就是交往两天就分手，要么就是同时交往几个朋友。每次开始交往的时候都抱着一种探寻未知世界的心理，怀着一种儿童般的好奇心去感受一段崭新的恋爱，越是这样想，心情就越是澎湃高涨，越是期待新的刺激和浪漫。但恋爱进行了一段时间以后，激情似乎慢慢地又过去了，兴奋和刺激的感觉会逐渐退却，即便已经顺利地得到了对方，但浪漫依赖症者是离不开挑战、兴奋和刺激的，所以，她（他）们只好又要放弃这段已经得到的恋爱关系，再去投身于下一段激情四射的新的恋爱关系。

浪漫依赖症的共同特征是快速冷却恋爱关系，一段热恋没多久，关系会迅速从极高的热情快速冷却成极低的温度，前面已经说过了不少的理由了，看起来她（他）们的做法是蛇鼠两端的，其实，正是因为他们在恋爱的初期过分地追求浪漫、刺激和兴奋，结果大量地消耗了体能和热情，最终导致虎头蛇尾，很容易倦怠和疲劳。

> 浪漫依赖症者们对"普通的恋爱""平静的恋爱"是极不感兴趣的，她（他）们嫌那种恋爱不刺激，缺乏激情。

恋爱游戏

如果恋爱过程太过简单的话不是很无聊吗？这是香织的想法，也是浪漫依赖症者们的共同意识。他们认为恋爱就是一场游戏，有道是"一场游戏一场梦"，梦醒了，游戏也就结束了。

大家想想玩游戏（电子游戏或运动项目）时的心理状态，是不是既刺激又兴奋，想方设法闯过一关又一关，一心想战胜对手，取得最后的胜利。整个过程人的身心都处于高度紧张的状态，游戏的难度越大，面对的对手越强，就越想超越它，战胜对手。如果游戏或运动项目过于简单的话就没有这种体会。

香织把恋爱的短暂成功与失败当成了玩游戏时的幸运与不幸，恋爱的一步一步递进就是游戏的幸运过关，恋爱的终止就是游戏的不幸结束，"恋爱"对于她来说只不过是一种"简单的游戏"而已。

由于香织的家庭教育比较严格，父母一直强调不能过早谈恋爱，所以，她在上初中之前对异性和性的事情是非常排斥的，穿着打扮也很朴素。但到了男女混校的高中（之前上的是私立女子初中）之后，

> 浪漫依赖症的一大特征是快速冷却恋爱关系。因为他们在恋爱的初期过分地追求浪漫、刺激和兴奋,结果大量地消耗了体能和热情,最终导致虎头蛇尾,很容易倦怠和疲劳。

她的状态发生了变化,一会儿戴特女孩气的那种特色眼睛,一会儿摘了眼镜戴隐形;今天梳这个发型,明天换那个发型;周末和同学出去玩也得精心打扮一番,换上漂亮的服装。同学们见了都很惊讶,觉得她与之前相比完全像变了一个人。倘若男生给她递个纸条或向她献个殷勤之类的,她会非常的陶醉,如果男生对她唯命是从,那她更是得意扬扬沾沾自喜。

香织说她确实是从上了高中之后完全改变了,原本对恋爱不太感兴趣,后来对男生开始有了一种朦胧的爱意,而且这种爱意越来越强烈。她从没跟女伴们说起过这件事,谁也不知道她内心开始有了小秘密,她自己的感受就是心中经常有男生"过来""光顾"一下,而且成了一种常态,一会儿是这个"过来",那个"走了",一会儿是那个"走了"下一个又来了。这些"来来往往"的男生都没有正式向她表白过,而向她正式表白的男生往往都是她不感兴趣的,长此以往,她的恋爱心理产生了一定的误区。从某种意义上来说,高中时期是她谈恋爱的高峰期,但实际情况是她无法用心去谈一场真正的恋爱,原因一方面是,她喜欢的人,人家未必跟她表白,不喜欢的人反倒老缠着她表白;另一方面是因为高中期间不提倡谈恋爱,一旦被发现了面子上会很不好看。但她心中似乎放不下那些"来来往往"的男生,表面上虽不动声色,但内心里却充满了激情。那些从没有向她表白过的男生一个个从她的内心中"离去",无奈她只好转回头,再去找那些频频向她表白但她实在不太感兴趣的男生,毕竟有个爱自己的人在身边,比没人爱没人追要好得多,如此一来,恋爱对她来说真的就变成了游戏,她在意的不是恋爱的实质本身,而是"恋爱"的形式感受,似乎是在享受恋爱的感觉而已。

因为种种原因,恋爱有时会变成一种报复或利诱对方的手段,无论报复也好,利诱也好,一旦把对方搞得一塌糊涂或神魂颠倒,自己会有一种得手后的快感。当然,香织的情况并非如此,虽然香织的恋爱最后也会伤害到对方,但香织并不是以报复利诱对方为目的,她是因为在恋爱中得不到足够的兴致和刺激,才不断地把目标转移到下一个恋爱对象身上。

玩游戏的体会是只要顺利通过一关就会很高兴,因此,那些只有一关的游戏就无法让人产生过五关斩六将的期待和兴致了,相比较起来,一次性通关的游戏很容易让人期待下一个新的游戏,这和恋爱中频繁换人、总是期待下一个新人是一样的感觉。

与上面"玩游戏"心理机制相比较,应该说恋爱的心理机制更加复杂,恋爱还有另一部分附带的"奖励"成分,那就是生理性的"刺激"和"兴奋",如果把这一部分当成了最终目的,这就是浪漫依赖的主要特征了。浪漫依赖还有另一种说法叫"恋爱上瘾"。一说"上瘾"大家首先会想到人对药物、酒精等等东西的上瘾,其实,在恋爱中也会有人对"苯乙胺"这种物质(主要是刺激和兴奋的唤醒快感体验)的依赖和上瘾。所以,从生理学的角度来看,浪漫依赖其实就是对苯乙胺给人带来的兴奋与刺激状态的依赖，也就是对"恋爱上瘾"这种状态的依赖。

生活在幻想的世界里

下面从心理学的角度来了解一下浪漫依赖的机制原理，关键词是"空想"这两个字。

例9中的妙子不是想成为年轻的老板娘就是想成为外国人的妻子，整天有些不切实际的想法。浪漫依赖症者一旦找到了能与他（她）们共同演绎浪漫爱情的对象，脑海中沉淀已久的浪漫激情会在瞬间被点燃，之后便是一连串的联想："这才是我命中弥足珍贵的真命天子"，"这是到目前为止我遇到过的最优秀、最适合我的人"，"能与这个人走到一起是我毕生最幸福的事情"，"能拯救我命运的人非他莫属"……满脑子里都是这些极致的想法。在谈恋爱的同时也会展开丰富的想象，展望结婚以后会是什么样子，以后有了孩子又会是什么样子，等等，像细致的电影故事情节一样，一幕一幕清晰地浮现在眼前。

在和妙子的谈话里不难发现，妙子有个突出的特点，就是从来不说对方有什么不好，有什么地方做得不对，总是描述一幅幸福美好的景象，呈现出的似乎是非常完美的人生。对方实际上在干什么、说什么对妙子来说影响不大，感觉妙子所有"幸福"的一切都是自己想象出来的，都是因为她拥有了一个满意的恋爱对象，然后就开始了带有浪漫色彩的丰富幻想，这是她身上呈现出的浪漫依赖的突出特点。

比如对方说家在六本木（东京较为繁华的地区）一个比较旧的公寓里面，如果妙子听了这话，她只会对"六本木"这三个字感兴趣，至于下面"住在一个比较旧的公寓里面"这句话，她不仅不在意，恐怕都不会进到耳朵里。再比如，如果对方说自己是空乘人员，这工作听起来是很令人羡慕的，但也算得上是3K[1]工作了，如果让妙子看待这份工作的话，她肯定只对空乘这个职业感兴趣，对工作的危险性、辛苦劳累程度等不会多想，会在"空乘"这个职业上充分地展开幻想：这个职业是多么的令人羡慕啦，收入有多高啦，和这种人结婚以后生活会多么的光鲜亮丽啦，等等，根本不与实际的恋爱对象相契合，只把对方置于自己的幻想当中。显然这种理想化的恋爱也是痴迷对方到了一种白热化的程度，看对方哪里都好，满目都是春光，满眼都是幸福。当然，这种所谓的迷恋状态在年轻人谈恋爱的初期几乎都会遇到，也算是很正常的事情，还不能说是不健康的心理。

但正常的恋爱和浪漫依赖的恋爱在接纳现实的程度上差距很大，浪漫依赖症者的幻想程度远远地高于一般人，而且幻想的东西会偏离现实。他们会根据现实对自己的幻想进行修正，这有点像照着料理书中的菜谱制作菜肴的过程，因为是照本宣科，做出来的东西味道可能会和书上描述的味道不一致，那我们就只能按照自己的口味

---

[1] 3K是指很累很辛苦、环境很脏很差、很危险。

再来适当调整调味剂用量或改善细微的烹饪环节，以达到最满意的效果。浪漫依赖症也是这样，会在幻想和现实的摩擦中不断地调整两者的差距，以让自己满意。

但还有另外一种情况，那就是幻想已经严重地偏离了现实，根据现实再修正幻想的可能性已经很小，那现实就得为幻想让步了，这话听起来比较绕嘴难以理解，即根据幻想来改变现实，或者说用一种改变观念的方法让现实"变形"。就像上面照菜谱做菜的例子，即使不好吃（这是现实），那只好这样想：按书上提供的制作方法应该是没有问题的！也只有做到这个程度了，用这种自我劝慰的方法拉近现实和幻想的差距，让自己接受这个现实。

另外，对浪漫依赖症者来说，恋爱的对象未必是那个活生生的躯体化的人，而是能够满足自己浪漫幻想的，以那个人的某些特征为代表的"道具"，与其说那个躯体化的人对浪漫依赖症者有强烈的诱惑力或价值，还不如说那个躯体化的人的某些突出特征对其具有强烈的诱惑力或价值。

举个大家耳熟能详的例子，日本的美女模特田中久美子可谓是家喻户晓妇孺皆知的大名人，和她相恋的男人就是一位浪漫依赖症者，对于那个人来说，和田中久美子恋爱不是最重要的事情，最重要的是和著名的模特相恋，名模身上那些代表性的象征性的东西对他具有超强的诱惑力，最终田中久美子认识到这个问题的严重性以后才果断地放弃了这段恋情。

幻想的三个层次

梦想着能有一段浪漫温馨的恋情,即便一时沉浸在一种浪漫温馨的幻想世界里面,对谁也是一种不错的享受,这种情况每个人都遇到过,因此不能说有点幻想就是浪漫依赖,关键要看幻想的程度,这是区别正常心理与浪漫依赖的重要标志。

美国著名的精神病理学家安妮·威尔逊·舍费在她的《逃离亲密》(*Escape from Intimacy*)一书里对依赖症进行了详细的叙述,对浪漫依赖给出了三个水平等级的划分。

第一水平等级

把大量的时间用在幻想上,虽说生活如在幻想当中一样,但这个阶段还不至于把幻想付诸行动,只是把自己一生的幸福建构在了浪漫的憧憬上,久久不能摆脱,这说明已经陷入浪漫依赖症当中去了,只是程度较轻而已。

第二水平等级

将幻想开始付诸实际行动的阶段。各种各样的问题开始频频发生,大矛盾小矛盾不断,把大量的时间和精力都消耗在幻想上,现实与幻想之间产生了明显的差距。这个阶段不仅仅停留在幻想上,有些行为会在幻想的基础上付诸实施,而且会给自己、给家庭、给亲人、给周围带来不小的影响。

> 浪漫依赖症者的幻想程度远远地高于一般人,而且幻想的东西会偏离现实。他们在幻想和现实的摩擦中不断地调整两者的差距,如果幻想已经严重地偏离了现实,那现实就得为幻想让步了。

第三水平等级

非常过分地寻求强烈刺激的阶段。追求惊险刺激，哪怕对自己有着巨大的危险也毫不在乎，这个阶段的浪漫依赖症者不介意社会的原则和习俗，不在意他们的行为能否被社会所接受，即便是家庭崩溃了，或者他人受到伤害了，抑或对自己的未来产生了巨大的影响，他们也不会停止鲁莽的行为，检讨自己的问题，而是一门心思地往前闯，头撞南墙也不回头，见了棺材也不落泪。

随着浪漫依赖水平等级的提高，幻想付诸行动的倾向会越来越大。比起追求更加强烈的刺激来说，一切的一切都无所谓，即便把自身或周围的人都置于非常危险的境地也无所谓，谁都抑制不住他们追求强烈刺激的欲望和要求，这是浪漫依赖的最高等级。

是什么东西让人痴迷于幻想

到底是什么原因让浪漫依赖症者们如此痴迷于强迫性的幻想呢？

一种解释是当"现实世界"和"幻想的世界"相去太远的时候，浪漫依赖症者会有种想逃避现实追求梦幻生活的冲动，认为这样可以避开现实生活中那些不顺、不满、痛苦和辛酸，也不用再去面对现实生活中的那些困惑和挫折。现实生活中确实有太多靠自己的能力无法改变的困难和窘境，当在心底真的想放弃这一切的时候，内心中会强烈地涌动出那种对五彩斑斓的梦幻世界的渴望向往，认为在那个世界里可以逃避一切不想面对的东西，忘记所有的不幸和痛苦，过一辈子幸福无比的生活。

比如有位小学生老是被人欺负，那么在这个男孩的心里一定会幻想着自己能成为一个力大无比的英雄，谁见了都会害怕他、尊敬他，谁都不敢招惹他，他一抡起拳头能把所有欺负过他的人吓趴下。在幻想的世界里面他报复了那些令他仇恨的人，也抚慰了倍受伤害的内心。

浪漫的恋爱就是充满惊险刺激、惊心动魄、不切实际、超越现实的恋爱，离现实越远，浪漫的格调就越高（越不着调），比如幻想各国的王侯贵族来向自己求婚，高贵的自己对这些人都不屑一顾，连英国王室血统的贵族也直言不讳地向自己求爱了，自己依然觉得这有什么呀！没什么值得炫耀自豪的，这就罗曼蒂克到极点了。

浪漫依赖症者企望用幻想的手段以重振自我，重塑现实，把以往对现实的不满、厌恶、空虚、无聊、焦虑、不安等等所有的不良感受统统扔掉。逃离现实的想法越强烈，幻想的色彩就越浓厚，浪漫依赖的倾向就越大。不想再过无聊的日子了，想让日常的生活变得丰富多彩有滋有味，能有那种怦然心动的感觉和美轮美奂的感受，所以就用浪漫幻想的办法给自己一次"重生"的机会，让自己有一种"重生"的期待。

在房间的角落里满身尘灰的灰姑娘，因为有王子的爱，从所有的痛苦中逃脱出来，成了人人羡慕的拥有了幸福人生的公主。浪漫依赖症者们说不定都期盼着同样的故事也会发生在自己身上，不，与其说是期待，不如说就是这样

> 浪漫依赖症者逃离现实的想法越强烈，幻想的色彩就越浓厚，浪漫依赖的倾向就越大。

认为，她们或许认定自己就是灰姑娘，不存在其他的可能。

一段浪漫恋爱结束了，接着再去寻找下一个目标

　　幻想终究是幻想，不可能成为现实，不会有哪个国家的王公贵族真的有一天突然跑到你面前向你求婚，这不是天方夜谭。幻想不同于愿望，愿望通过自己的努力抑或别人的帮助有可能会变成现实，而幻想之所以被称为幻想，说白了就是不可能实现的东西。即便当初把幻想和愿望混为一谈，随着年龄、经历、实践经验和社会阅历的增加，应该会逐渐看清真相，逐渐认清自己那些华而不实的想法。其实幻想也不是什么不可理解的事情，谁没有过幻想呢？谁都有过一些不切实际的愿望和想法，在谈恋爱的时候谁都遇到过一些自己非常中意的人，但对方未必中意自己，就当与之失之交臂的时候，有些人会奢望对方能给自己一个机会，经过一段时间的交往的话，说不定对方会接受自己。人都有主观利己的意识和倾向，都觉得自己不错，即便条件不如对方，但自己会主观地认为自己对对方的喜欢程度要高于任何人，就凭这一点就足以能够给对方最幸福最炽热的爱。在这种意识作用下会幻想对方应该能明白自己的心思，不为别人，就为了对方自己的幸福也应该接受自己的这份爱，这也是一种幻想，或许是每个人都曾经有过的幻想。但浪漫依赖和一般人的这类幻想不一样，浪漫依赖会把这种幻想认定为现实，而且一定会实现，所以，最终的结果几乎是千篇一律的失败。

　　一旦幻想破灭了，浪漫依赖症者会怎样呢？如前所述，一般情况下

他（她）们会根据现实情况来修正自己的幻想。但在浪漫依赖症者的意识里面有两个非常极端的想法，"要么没有，要么全部"，什么意思呢？就是认为浪漫爱情要么客观地存在于当下的恋爱之中，要么认为当下的恋爱根本与浪漫恋情不着边际。换句话说，浪漫依赖症者的孤注一掷和偏执心理是登峰造极的，在他们的意识里面非此即彼，不是这样就是那样，不存在中间状态，而且现实就是被幻想出来的，认为它是玫瑰色就是玫瑰色，认为它是深褐色就是深褐色，到底什么颜色全在自己的主观感受。

当浪漫消失了的时候，绝大多数浪漫依赖症者会和对方告别（至少在心里），但从告别的那一时刻开始，新一轮的痛苦又开始了，因为支撑自己幸福生活的幻想世界坍塌了，要去面对失去浪漫幻想的现实世界，这对浪漫依赖症者来说是非常痛苦的事情，因为他（她）们实在不愿意面对现实的一切，才不顾一切地"跑到"幻想世界里面"享受"人生，躲避困扰。面对失去浪漫幻想这个巨大的灾难，他（她）们会想尽一切办法尽早从这种痛苦中逃脱出来，唯一的办法就是重新进入一轮新的幻想当中，这是回避痛苦现实的最好办法。这次不能再和过去一样了！一定要找到属于自己的白雪公主（白马王子）！但自己的白雪公主（白马王子）到底在哪呢？在这种极度迷茫和痴心的混合心态作用下，稀里糊涂就又投入到下一段罗曼蒂克的恋爱中去了。

妙子就属于幻想破灭的情况，因为对方有其他的女朋友，所以离开了妙子。对方本来就不是她的"白马王子"，尽管妙子不这样认为，但却无法改变对方离开自己的事实。无奈的妙子只能被动接受这一现实，为了尽快地弥补因幻想破灭给自己带来的巨大"精神创伤"，妙当浪漫消失了的时候,绝大多数浪漫依赖症者会和对方告别,但新一轮的痛苦又开始了,因为支撑自己幸福生活的幻想世界坍塌了,在极度迷茫和痴心的混合心态作用下,稀里糊涂就又投入到下一段罗曼蒂克的恋爱中去了。

子只好尽力去寻找下一段浪漫恋情。

再来看香织的情况,虽然对方一直在追求她,但并不令她满意,她一心想找到"具有挑战价值的人"的希望破灭了,然后她主动告别了对方,这种情况可以说是主动性的幻想破灭,也可以说幻想就没有真正建立起来,就进入了下一段浪漫之旅。

灰姑娘的愿望

来看看倍受日本青少年喜爱的《少年漫画》和《少女漫画》,看看里面的那些漫画是怎样描绘爱情的。这两种漫画一般都是描写男主人公和一些凶禽猛兽、妖魔鬼怪激战,或与竞争对手展开较量,历经艰难万险终于战胜了对手取得了胜利,但紧接着又会迎来更大的挑战,遭遇更强大的对手,甚至会一度陷入非常危险的境遇,凭借着坚强的毅力和百折不挠的精神,主人公过五关斩六将又赢得了胜利,但接下来又会出现更加强大的对手,这样的"战斗"反反复复,似乎没有尽头。但正是因为男主人公的英勇、果敢和坚强赢得了美女们的青睐和赞赏,接下来,大批美女向男主人公表达出各式各样甚至是无条件的爱。

另外,《少女漫画》很多从始至终都是以恋爱为主题的,而《少年漫画》则巧妙地以恋爱为副线，主题是激战、竞争、对抗，恋爱始终围绕在"激战"的周围，似乎是在为男主人公与对手的较量加油助威。这两类漫画形成鲜明的对比。最后，往往都是一个非常普通的女孩子最终获得了"白马王子"的钟爱，双双坠入爱河。《少年漫画》中的男主人公们往往被描写成历经千辛万苦，奋力激战，打败强敌，好不容易取得了战斗胜利，也好不容易获取了美少女的芳心，但在接下来的命运安排中，他们又会迎来一个又一个的挑战，不是情敌对手出现，就是各种阻力和干扰，总之是命运多舛，历尽坎坷。读者会被他们跌宕起伏的爱情故事所深深吸引，为他们的爱情历险捏一把汗。

当今社会有一种强迫观念，好像恋爱就应该历经惊涛骇浪，就应该有那种心跳的感觉，不浪漫就不叫谈恋爱，好像平平淡淡就不是真爱，这种意识根植于当下年轻人的深层心理中，得到了年轻人的普遍认同，女性有这种意识的人居多。因为女性更喜欢看那些传递情感的东西，比如电影、小说、电视剧、杂志、漫画等等，这些媒介当中充斥着大量的描写浪漫爱情的东西，它们无形之中影响了女性的爱情和婚姻观念，不知不觉中受其影响会误认为浪漫爱情就是真挚的爱情，有冲击力的恋爱才是真正的恋爱。虽然男性也会有喜欢浪漫激情的心理倾向，但如前所述，从男性的视角来看，恋爱毕竟属于男人征战世界的"附属产品"，男人的主要任务是战斗、竞争和出人头地，在竞争中取胜的男人是最有魅力的，这种男人周围不乏美女陪伴左右（007电影就是个突出的例证），所以，在男性的内心当中未必真正认可婚恋关系中那些光怪陆离的浪漫情怀,应该说多数男人对那些东西是不置可否的,这种意识在男性当中相当普遍,甚至男人在面对女人给予的浪漫温存的时候,都不知道该怎么去应付,因为这些东西对男人来说是非常不擅长的,是男人的软肋。

另一方面,美国作家科莱特·道林最早提出了"灰姑娘情结"这一概念,指出很多女性都会有种"灰姑娘"的心理和愿望,认为总会有一天,在自己的生命里会出现那个盼望已久的白马王子,他会把自己从所有的痛苦中拯救出来,帮助自己实现人生最美好的愿望和理想。这种期待女性比男性要强得多,重得多,男性的期待往往仅限于找到一位漂亮的公主,至于通过美女再去实现什么其他的愿望,男性一般不会考虑。

也不能说女人就是傻,在历史、文化、教育的合力作用之下,不知不觉女性会被动地植入这样一些观念和意识,好像女性就没有能力靠自己的力量改变现状,只能靠男人来拯救自己,最后逐渐发展成为女性心甘情愿理所当然地认为自己的幸福、自己的一切就应该由男人主宰,因此只能依赖于男人。所以,女人就把改变命运的希望寄托在了以浪漫恋爱为基础的男人身上,但殊不知这是个没有止境的期许,抑或说是没有结果的期待。媒体在这方面起了非常不好的作用,把"浪漫依赖"这种潜意识一点一滴地传递给了女性。

男女在接受这种浪漫情爱的程度

> 当今社会有一种强迫观念,好像恋爱就应该历经惊涛骇浪,就应该有那种心跳的感觉,不浪漫就不叫谈恋爱,平平淡淡就不是真爱。

上是有差异的，女性更容易落入圈套，更容易被浪漫情爱所蒙蔽，所以，女性往往是"浪漫依赖"的承载者、体会者，也是最终的受害者。

与边缘型人格障碍的关联性

为了更清晰地看懂浪漫依赖，我们从另外一个角度来进行解读。边缘型人格障碍（Borderling Personality Disorder，简称BPD）是生活当中经常遇到的一种人格障碍，有这种人格障碍的人（容易被误认为是性格问题）受时代、社会和文化的影响比较大，很多心理问题也是以"边缘型人格障碍"的形式反映出来。

边缘型人格障碍有以下三个突出的特点：

一是情绪不稳定。容易被激怒，容易暴怒，经常表现出喜怒无常的状态，情绪变化非常大，前一小时兴高采烈，后一小时就可能暴怒不止，可能就因为一点小小的原因。有边缘型人格障碍者特别害怕被拒绝、被孤立，当面对各种干扰或否定时，他们的直接反应就是暴怒，以此来震慑（打压）对方，发泄自己心中的不满。边缘型人格障碍者常常处于一种持续的紧张状态中，也常感到忧心忡忡、悲观厌世。为了排解内心的空虚，他们会不断地找事干，但却有始无终、一事无成。外在的反常活跃未必是他们真实的心态，他们的内心往往是深沉且孤独，为了不让外人看出他们压抑的内心，常常以反常活跃的方法来掩盖孤独。他们很容易在精神上得到满足，所以，外人只要给他们一丁点鼓励或承认，他们就会很开心，但由于承受打击和挫折的能力极其低下，一旦受到外界一丁点的抨击或批评，情绪马上就会急转直下。这类人长期的空虚和孤独可以转化为一种身体上的亢奋，这种亢奋往往会聚焦到生殖系统上，因此，这类人常常会患上性瘾综合征，以性瘾的方式驱赶孤独。他们有时一天能手淫数次，或经常去嫖娼，以弥补自己的空虚和孤独。

二是行为易冲动。边缘型人格障碍者控制情绪的能力和抗挫折的能力非常差，经常出现歇斯底里的冲动行为，暴怒、毁物、斗殴、谩骂、攻击、伤人或自伤是常有的事，有的还有冲动性地酗酒、挥霍、偷窃、滥用药物等行为。在日常工作和生活中的冲动行为多表现为做事缺乏目的性和计划性，随心所欲，我行我素，虎头蛇尾，不计后果等等。

三是人际关系不稳定。边缘型人格障碍者的人际关系非常不稳定，这与他们无法承受离别又害怕过分亲密有关。典型的边缘型人格障碍者都有依赖、黏人、理想化的性格缺陷，一旦伴侣或朋友没有满足他们的要求，或没有达到他们的期许，他们的态度会发生180度的转变，要么全面否定对方，要么拒绝与对方交往。其实边缘型人格障碍者的内心是渴望与人交往的，也特别希望被人照顾，但又害怕关系过分亲密（因为不擅长处理亲密关系），所以会长期受这种矛盾心态的

> 边缘型人格障碍三个突出特点：
> 一是情绪不稳定，经常表现出喜怒无常的状态；二是行为易冲动，控制情绪的能力和抗挫折的能力非常差；三是人际关系不稳定。

影响，内心冲突不断。在婚恋关系上边缘型人格障碍者会用某些手段控制对方，比如抱怨自己身体不适，表现出虚弱、无助、呻吟、装病等等，意在引起对方的注意并获得同情和照顾。

边缘型人格障碍者与他人相处时总是把对方当成刚结识的人，无法以一贯的态度来面对持久相处的人，所以给对方的感觉总是变来变去，相当的不稳定和不成熟。另外这种人总是专注于局部，无法感受并看清事物的全貌，所以很难从过去的经验教训中学习、进步和成长，也无法客观地了解自己的行为模式，因此不合适的感情模式总是一再循环。比如深受家暴伤害的女性边缘型人格障碍者会一而再再而三地回到施暴配偶的身边，再次受虐；男性边缘型人格障碍者会一再和不适合自己的异性交往，从来不吸取教训，总结经验，同样的错误一犯再犯。

也正是因为恶性循环的作用，边缘型人格障碍者的自信心会日渐低落，会逐步产生自我认同障碍，会怀疑别人关心自己的动机，无法培养真正的自信，无法以健康的方式与他人交往，无法建立与他人真正的亲密关系。

其实，许多人格障碍和精神疾病有高度的相似性，有时很难明确地区分（边界比较模糊），比如心情的跌宕起伏和郁郁寡欢，这在抑郁症中就极为常见，但与表演型人格障碍和自恋型人格障碍有很多的共同点。这些问题在有关 BPD 的专业书籍上都有详细的解释，我们的重点是关注人际关系的不稳定这个问题。是什么因素使他们的人际关系变得不稳定呢？确切地说是"赞赏"和"贬低"两极分化惹的祸，也就是说对他人的评价要么是"最优秀的"（赞赏），要么是"最差劲的"（贬低），对人的评价总是在这两个极端来回变换，如此一来想持久稳定地与他人建立良好的人际关系是不可能的。

比如，边缘型人格障碍者第一次遇到一个人，人家对他（她）非常的友好和热情，也很耐心细致地满足了他（她）的要求，或者在一件小事上帮助了他（她），那么他（她）就会认为这是个很不错的人，值得交往。边缘型人格障碍者把这种"遇到了最好的人""想要交成朋友""救助者出现了"等等这些极端化与理想化的赞赏，定义为一种极端的亲密化关系链接的开始。但如果对方没有满足自己的期望，或者发现了对方身上的某些缺点，他（她）们的态度马上会发生180度的转变，对对方的评价急速下降，会变成最差劲、最坏的、令人讨厌的人等等，在内心会生成一种对对方的排斥感，不允许对方再靠近自己。只要遇到点什么事，马上就会有很极端的赞赏或贬低行为出现，而且是反反复复跌宕起伏，在这样的状态下边缘型人格障碍者很难与他人建立长期稳定的人际关系。

还有一种观点认为是"自我评价不稳定"和"强烈的被抛弃感"这两种原因造成的，边缘型人格障碍者对自己没有一个正确客观的认识和评价，总有一种不安全感，"被抛弃了怎么办？""这个人真的会珍惜自己吗？""这个人是不是自己的救世主？"等等，总抱有这样一些想法。因为内心的不安定，总把人从一个极端想到另一个极端，一会儿是"非常好的人"，一会儿又变成了"非常坏的人"，老在两者之间来回跳动。

一旦遇到自己挺满意的人，瞬间理想化的状态就开始了，顿时热情高涨并感慨不断，"总算与命中注定的人相遇啦！""终于和最理想的人邂逅了！""这次一定会是最棒的恋爱！"等等。接下来一旦发生与预期不一致的事情，对对方的评价马上会急转直下，"太坏了！""没想到是这么坏的人！""被骗了！"

从对方的角度来看，很难理解是怎回事，到昨天为止自己都被称赞为是"最可爱的人"，怎么今天一下子就成了"最坏的人"了呢，丈二和尚摸不着头脑。如果是自己有外遇或者花心或者有暴力倾向，哪怕冷暴力也算是有原因，但问题是什么事情也没有发生啊！怎么一下子就变成这样了呢？下边举几个例说明。

- 快过圣诞节了，我买了圣诞礼物给她送去。但是她想要项链，我只是在网络上选择了一些很受欢迎的东西，没有买项链，她便勃然大怒。"这不是我想要的东西！""你对我什么都不懂！""如果你真爱我的话就不应该买这些东西！""我自己都不相信怎么会和你这种人交朋友呢！"最后得到了这么一通指责，接下来的一周时间里，电话、短信、微信一概不接，一概不回。

- 刚回到家中，同居男友就发怒了，"好啊！我已经知道了，你是这样的女人啊！"一头雾水的我气愤地问他；"我怎么了？我怎么又惹着你了？"原来他看到了电脑里五年前的一些照片，那是我和朋友聚会，和朋友一起出去旅行的一些照片，都是一些非常普通的照片，也有和男性很不在意的单独合影，那根本不是

> 边缘型人格障碍都有点浪漫依赖倾向。和对方的亲密关系只能持续很短的时间，很快便进入情感的急速起伏期，上上下下，跌宕起伏，好像平静下来就无法正常生活，"刺激"成了不可或缺的东西。

恋爱关系，只是很一般的朋友而已，甚至有些都很不熟悉。但无论怎么跟他解释都不行，非说我过去交往很乱，是个很差劲的人，原来只是不知道我的底细而已，通过这些照片算是看清我这个人了。我一再强调他误会了，我说："那些照片什么问题也说明不了，我跟那些男孩没有半毛钱的关系，我的心里只有你！"但无论我怎么解释他都不信……

· 她有事情找我商量，给我打电话，但我马上要开始工作了（日本在工作时间是不允许接打私人电话的［译者注］），我告诉她下了班再打，马上要上班了。她说"哦，是吗，那好吧"，然后就挂断了电话。工作中又看到有她的来电显示，但没办法接，下班后就发现有她的电话留言"我不会原谅你的"，就这么一句话。

应该说边缘型人格障碍都有点浪漫依赖倾向，理想化的时候就亲近得不得了，反感的时候就把对方贬得一无是处。和对方的亲密关系只能持续很短的时间，很快便进入情感的急速起伏期，上上下下，跌宕起伏，好像平静下来就无法正常生活，"刺激"成了不可或缺的东西。不可否认的是，巨大的刺激给理想化带来了动力，它们之间有一定的因果关系。本章的重点不是对边缘型人格障碍的分析，主要是探讨浪漫依赖（也包括恋爱依赖）的形成原因，为了弄清这个问题，大家也可以上网或查阅相关书籍，以增加这方面知识的学习和了解。

深层心理的痛苦

要说在恋爱中追求浪漫也没什么不好的，对日本人来说说不定还是很有必要的呢，因为日本人的呆板是国际上出了名的，男尊女卑意识尤其突出，在这种意识影响下不可能造就太浪漫的婚恋文化。在欧美国家，讲解营造罗曼蒂克婚恋方法的畅销书很多，从送花到床上情话，欧美人的浪漫情怀可以说根植于内心，随处可见，处处时时都能看到他们在婚恋情感方面的浪漫意识和细腻感情。但说实在话，日本人对欧美式的浪漫情怀是很不习惯的，别说去模仿了，光接受就有一定的难度，主要是文化习俗上有很多的差异。但话又说回来了，不适应并不是不羡慕、不欣赏，日本人看到人家那些温馨浪漫的场面也是挺开心的。

但是，追求浪漫的东西太过分了，因而造成了痛苦和烦恼，那就是问题了。如果浪漫的人自己感觉很幸福，也没给周围的人带来什么麻烦和影响的话，这不算是什么问题，但遗憾的是我自己就从来没见到过这种真正浪漫且幸福的人（也许是我见得还太少）。比如表面上是个恋爱经验丰富的女孩，也是个浪漫主义者，外表给人很明亮快乐的感

> 浪漫主义者外表给人很明亮快乐的感觉，但其内心及深层心理未必和表面相一致，说不定很累、很受伤。

觉，但其内心及深层心理未必和表面相一致，说不定很累、很受伤，因为在她的表情上时不时会反映出烦恼痛苦的状态，如果内心没有纠结，我想表情不会如此生涩。还有一些身处不伦之恋（婚外恋）、多角恋的人，不仅本人，连周围的人也会因此受到牵连和伤害，这种情况不在少数，因为这些问题而影响了职业生涯和社会地位的人也大有人在。

为了不陷入这样的痛苦和危险，有浪漫依赖倾向的人应该重新认识自己的"恋爱模式"。那些在现实当中惧怕面对自己，想通过幻想来逃避现实，期望通过恋爱来让自己脱胎换骨"转世做人"的人一定要注意了，这种害怕面对现实、面对自己的想法是一种严重的心理缺陷，应该引起重视并加以调整。下面两点是克服浪漫依赖的比较简易的方法。

克服浪漫依赖的两种方法

无论"登山"也好"下坡"也好，一定要放慢节奏

第一点叫做"慢慢地登上坡道"，在浪漫依赖的心理症结之下对待感情上的事就像是扣动扳机一样，瞬间就能达到情感的最高点，说"瞬间"一点都不夸张，再说得极端一点，只看一眼，就听一句话，就能判断对方是自己的"白马王子"，就能做出是"命运的安排""是命中注定的不期而遇"等等这种结论。仅仅通过短暂的接触而快速升温的恋情很难在日常生活中保持长久。比如我们从事登山活动，如果一口气跑到山顶的话，可以想见到达山顶以后的

状态，一定是上气不接下气，疲惫不堪，筋疲力尽。如果是一步步慢慢登上去的话会是什么状态呢？是不是一边欣赏着周围的美景，一边悠闲自在地运动着，那种心情和乐趣不言而喻吧。快速奔跑到山顶，虽然会感到非常的惊险、紧张和刺激，也可以快速实现到达山顶这一目的，体会到达以后的兴奋和快乐，但这种快乐很快就结束了，因为目的性很强（到达山顶就是目的），到了也就完成了。如果是慢慢地、一步一步地，一边享受着途中的风景，时不时地停下来休息一番，尽情地享受整个登山过程给人带来的乐趣不是更好吗。

如果你有浪漫依赖倾向的话，就按照我说的这个方法，慢慢地、一步一步地，把恋爱的步伐放慢。如果一口气把恋爱情感推向极致的话，那一天到晚就不用干别的了，考虑的全是对方的事情，满脑子装的都是对方，甚至每天都想和对方见面。所以，一定要忍耐一下，刚开始交往就想每天见面约会，这是你一贯的交往恋爱模式，从现在开始，把过去的习惯改一下，从每天见面改成一周见一面。不要从早到晚一整天都泡在一起，只拿出晚上的一点时间约会，这样的话一直都会有期待感，一直都会有循序渐进、慢慢"爬山"的感觉。空余的时间可以多用来满足一下自己的爱好和兴趣，多看点书，多充充电，多给自己一些放松的时间。一旦离开了浪漫紧张的氛围，人会觉得很舒服、很自

> 把恋爱的步伐放慢，这样的话一直都会有循序渐进、慢慢"爬山"的感觉。一旦离开了浪漫紧张的氛围，人会觉得很舒服、很自在很平静。

在、很潇洒、很平静。

同样在"下坡"的时候也要慢慢地,少许忍耐一点点,即便是和对方有些小摩擦或不满,都会因为"节奏"的放慢而没有机会去说分手。就这样坚持一周也好,一个月更好,即便结果是分手也要冷却上一段时间,在这段时间里冷静地观察对方的好与不好,既避免了冲动,又给了自己冷静思考的时间和机会,不至于让自己做傻事。只要坚持这种尝试,浪漫依赖的倾向一定会大有改善。

多交异性朋友,未必非得是恋爱关系

第二是尽量多交些异性朋友,不一定非得是谈恋爱,当然也不能只是那种单纯的表面关系,要有几个比较好的异性朋友,建立纯粹的友谊关系,这对缓解浪漫依赖有一定的帮助。

在浪漫依赖的情况下,不仅是恋人,即便是单纯的朋友,对方在与你交往一段时间之后也会慢慢地敬而远之。放下与异性交往只为恋爱的"功利"之心,以平常之心多交几个异性朋友。正是在不断和朋友交往的过程中,就算没有浪漫因素也会有一种愉快的感觉,这种交往一旦多起来,各种机会也会随之而来的。只要抱着学习的目的尝试着和朋友交往收获一定不小。

以上所说的两点总结起来就一句话:逐步将自己置身于简单、快乐、平和的恋爱之中,刺激兴奋当然也不是什么坏

> 放下与异性交往只为恋爱的"功利"之心,以平常之心多交几个异性朋友。只要抱着学习的目的尝试着和朋友交往收获一定不小。

事，但安静平和不是更好吗！这样一来身心都能够得到平衡。从浪漫依赖的状态恢复到正常状态，最关键的因素是在"兴奋刺激"与"平和安静"中找到平衡，既不忽冷，也不忽热，放慢恋爱的节奏，找到幸福的感受。

第五章

性依赖

——沉溺于无止境的性爱而不能自拔的人

无法抑制的性欲望与性冲动

【例11】

贵志（32岁，公司职员）

和妻子已经三年多没有夫妻生活了，这期间贵志除了光顾卖淫店和卖淫女发生性关系以外，至少还与五十多位女性发生过性关系。有时会与刚刚才认识几个小时的女性发生性关系，但与这些女人做完爱之后他就想赶紧逃离，好像一股非常厌烦的情绪会萦绕在心头，就想早点回家。

贵志在日本一家一流的商社工作，可以说是个非常出色的员工，27岁那年和同在一个公司工作的妻子结婚，结婚不久就有了孩子。据他本人说好像是结婚之前妻子就怀孕了，没办法了，只能奉子成婚，那个时候他是不想这么早就结婚的。当然也不是不喜欢妻子，只是没有做好结婚的准备，但当时已经有了孩子，结婚也就成了顺理成章的事了。贵志从来就不认为自己是个适合结婚的人，总是想和形形色色各式各样的女性打交道，因为已经结婚了，也知道不该再这样做了，但内心还是抑制不住这方面的冲动。

他现在的状态是工作上积极肯干，在公司里没有任何的不良行为；在家庭里面也尽可能地扮演好丈夫和父亲的角色，为什么说是扮演呢，因为他的心确实没有系在家庭、妻子和孩子身上，但作为一个男人，他也知道自己应该担负起的责任和义务。和妻子的关系比较冷淡，尤其是夫妻生活，这是两个人关系的最大障碍，但为了孩子和家庭的体面，他们都相安无事地扮演着好爸爸、好妈妈的角色，妈妈的角色严格意义上来说无须扮演，但在夫妻关系上，妻子还是忍受了很多的痛楚，这是不争的事实，贵志也感到非常的惭愧，确实很对不起妻子。

在结婚之前妻子就听说过贵志作风不检点，痴迷女色，结婚后还是恶习不改。一开始妻子也是一再谴责一再制止，但根本没有作用，他没有一点悔改的意思，妻子最终也就放弃了努力，取而代之的便是冷战。

贵志现在有两个情人，这两个人都是与他所在公司有业务关系的客户公司的职员，是在谈业务的时候认识的，从认识的那天起贵志就对对方发起了强烈的攻势，最终靠他的三寸不烂之舌把两位美女搞定了。一个月当中至少和她们约会两三次，吃饭——

开房——做爱——回家，从不滞留酒店，这成了惯例。贵志就这么心安理得地来往于两个情人和家庭之间，也不想和妻子离婚，也没有和情人结婚的打算，就过着这种有家也有情人，两边都不想放弃，两边都不想多负责任的日子。按理说过不了多久情人应该会主动和他分手吧，结果到现在他们依然还在交往着，可见贵志笼络女人相当有水平。他追求女人就一个套路一个目的，强行进攻直到追求到手——目的就是为了性交往——玩腻了再去寻找别的女人，这是他的一种固定模式。他每周一次雷打不动地往风俗店（卖淫店）里跑，没事的时候还大量地浏览黄色网站，专门看那些低级下流的东西。他非常喜欢收集一些风俗店的广告和AV女优的画报，只要稍微有点心烦意乱的时候就想根据画报广告的地址去找那些女人，和她们发生性行为。在贵志看来，用嘴巴征服来的性爱和花钱去风月场所做爱，感觉是不一样的。

出差是贵志最期待的事情，如果在日本国内出差，他一定会充分地光顾当地的风月场所，充分地体会在陌生的地方和陌生的女人性爱的滋味，他就喜欢一夜情式的性爱感受。如果去国外出差也是同样，当地一定会有相关的接待单位，他会暗示给对方自己有想去放松放松的想法，对方也就心领神会了。如果对方不明白他的意思的话，他自己也会想方设法一个人去找这种风月场所，满足自己的欲望。无论国内还是国外，"出差"二字就是贵志放纵性欲的代名词，是贵志最想做的事情。

对于以上的行为，贵志自己也觉得非常过分，而且去那些地方找女人是要大笔大笔花钱的,钱花光了怎么办?他就瞒着妻子在银行透支,在找女人、找性刺激方面贵志花了很多的钱。另外,和客户公司的异性谈情说爱,或发展婚外情,这种事公司是绝对不允许的,要是被公司知道了的话,马上会被开除,这是一件非常严重的事情。即便如此他还是停不下手来,一如既往地与客户公司的职员谈情说爱,寻求刺激。一有性的冲动,不管什么规定,所有的一切都抛到九霄云外去了,满脑子只考虑怎样才能得到性爱,怎样才能以最快的速度找个女人做爱。

色情中毒

【例12】

广树(27岁,公司职员)

八叠榻榻米(日本的房间面积是按榻榻米的数量计算的,一叠榻榻米不到两平方米——译者注)的单独的房间,不大的壁橱里摆放着大量的黄色录像带和色情书籍、画报和杂志,这还是定期清理过的,从音像书店买来新的,再把旧的处理掉,尽管这样,处理的数量远远比不上新买的数量,整个壁橱里满满当当全是这些东西。

住在这个房间里的人叫广树,是一所私立中学的数学老师,既热情又大方,彬彬有礼乐于助人。别看人很年轻,但教学方面的经验还是满丰富的,很受同学们的喜爱。一说起数学老师有人可能就会和"宅男宅女"联想在一起，感觉老师除了上课就一天到晚宅在家里，其实不是那么回事。身材修长的广树，一副精干、时尚、出众的打扮，非常有女人缘，属于相当有魅力的男人。每年的情人节，他都收到不少来自学生们的热情洋溢的信和巧克力。

但就在这样一个"好青年""优秀教师"的外表下面，谁能想到还隐藏着那么多与其身份和外表极不相称的东西呢。和他没有任何工作关系的男性朋友都知道他是个什么样的人，说白了就是一个无耻的好色之徒。

在住家附近的商店购买或租赁黄色视频（日本的图书与音像制品店都有成人专区——译者注）的话，很有可能会被自己的学生或其同事发现，这是很危险的（广树所居住的地方离学校不远），所以他都到远处的商店一次性大量购买，偶尔也通过网络或根据杂志信息进行邮购，但害怕个人信息被披露，尽量不用这种方法，还是开车去很远的专卖店一次性大量购买。每个月花费在这种色情商品上的金钱都在五万日元以上，占他工资收入的四分之一。平常适度地喝点酒，赌博是完全不碰的，也没有其他特别的爱好，可以自由支配的钱大部分都用在了色情用品上。

后来，在网上也可以看有关色情的东西，而且有专门的收费色情网站，只需要交很少一点钱就可以看到清晰度很高的色情视频，只要有一台电脑就全部搞定了。但即便这样，如果顺道路过成人音像制品店，他还是忍不住要进去逛一圈，看看有什么新的产品。

每次看了这些色情的东西，最后的结果都要自慰一番，之后便倒头大睡，第二天便能安安稳稳地去上课。平静的状态最多能保持两天，到了第三天，对色情的东西的向往又逐渐强烈起来，一天比一天强烈。如此的循环一周要两三次，有时一次能手淫两回，这是他生命中最期待的时刻。

和实际的性爱比较起来，一面看着色情画面一面手淫得到的只是快感而已，不能算是什么真正意义上的性爱，与实际做爱的感受显然不可同日而语，但唯一的优点是简单方便。一旦在想做爱了，又没地方去找情人，风月场所也去过，花那么多钱和自己看着黄色视频手淫的快感程度也差不多，感觉还是自己花点钱在网上下载一些黄色视频，供自己消遣更好。后来几乎就不太去风俗店了，如果有女人愿意陪他做爱的话，他手淫的次数会适当减少，但对色情的痴迷程度一点都没有减轻。

对广树来说，买色情商品，然后欣赏，然后手淫，这些行为带来的快感是任何其他行为无法替代的。但问题是这种行为会同时给他带来罪恶感，"广树老师好像有个很大的毛病……"这类声音经常会传到他耳朵里。按说他做的也不是什么违法的事，也没给任何人带来什么麻烦，按理说没必要有罪恶感吧，但在广树的心里却总存在着巨大的不安全感，担心一旦自己的"庐山真面目"被人识破了，那就彻底完蛋了。

到底是这样任其发展下去呢？还是及时悬崖勒马呢？眼前的

一切就像一团迷雾困扰着广树，让他困惑无比，左右为难。

无法停止地玩火

【例13】

真美（34岁，家庭主妇）

真美和外遇对象从宾馆走出来的时候，做梦也想不到自己的丈夫正站在宾馆的门口，她紧张地一下就僵在了那里，神情恍惚，不知所措，顺口说出"你在这里干什么！？"这话要是以后想的话，自己都会觉得荒唐。

和婚外情的对象已经保持三个月的关系了，这个男人在一家西餐厅做店员，人很好，很热情，长得也很帅气，比真美小七岁，一看就是那种好玩的大男孩。是真美主动引诱的对方。他白天的时间比较自由方便，两个人就经常出去一边喝点红酒，一边吃午餐，然后就去酒店发生关系。他好像也有其他女朋友，保持和真美这种性交往，他也很自在，这种事情对男人来讲多多益善嘛。

丈夫肯定是勃然大怒了，然后提出了离婚的要求，并要求那个男孩赔偿损失和赔礼道歉。之后发现真美的样子有些怪怪的，一回到家里就夹着尾巴，低三下四的，和过去趾高气扬的架势判若两人。没办法，错在她，她不可能再像以前那个样子了。幸亏没有孩子，只是两个人面对，怎么也好说。但真美心里清楚，即便和这个男孩子分了手，她也可能会另想办法解决超强的性需求问题的。

但是，老公毕竟是个好人，只是从妻子的角度来看有些弱了，不太像个男人，在性生活方面满足不了真美旺盛的需求，这样说来好像也不能把责任全都怪在妻子一个人身上，在丈夫身上得不到满足，她在别的男人身上得到了，只是不能说而已，最后真美和那个男孩一起给老公下跪请罪，对这件事深深地道歉，发誓两个人再也不会来往了，并写下了保证书。真美还一再向丈夫表示感谢，感谢丈夫没有把这件事告诉自己的父母，一旦真美的父母知道了这件事，会把她永远地扫地出门的。

其实，真美还有一个男朋友，结婚之前是同一个公司的同事，那个男人有妻子有孩子。真美与丈夫刚结婚的时候和他断了来往，但后来对方经常联系真美，希望和真美见面，结果真美没能经得住诱惑，又和那个人见面了。那个人比较忙，他们大约一个月见一次面（发生一次关系）。但和当下这个男朋友可是经常约会的，还常一起参加一些活动。

另外真美接触的单身男朋友也很多，所以会被联谊会邀请去参加一些单身联谊派对活动。只要她不说自己已经结婚了，谁也不知道她是已婚女士。其实，在这个联谊会里她也经常遇到一些已婚男士（真美是知道的），但彼此都装作不知情，只是尽情地寻欢作乐而已。

真美确实认为自己不是个好女人，觉得很对不起丈夫，也知道总有一天会为自己所做的这一切买单，但很矛盾的是，现在不玩的话又会觉得无聊得很，面对那种刺激和诱惑，她实在无法抵御和抗拒。

追求性爱的人

看了以上三个例子，虽然人物和情况各不相同，但却有共同点，都是围绕着"性爱"这个主题，而且还都带有一定的"强迫性"。"强迫"这个词在本书中反反复复提到过，大家也有所察觉。"强迫"的行为就像恶魔附体一样，怎么都绕不开，对某一件事就像痴迷一样非干不可。比如洁癖症，一天几十次、上百次地洗手，但总还是认为手没有洗干净，还会不停地洗，没完没了。比如关电器这种强迫症，即便出了门再回来关几次也没用，总还是担心电器没有关好，还得再回来关，也是没完没了，要说最后看一次应该放心了吧？其实没有"最后"这一说，刚出门又开始琢磨上了，"好像还是没关好"，还得再回来，没完没了。

强迫性几乎是各类依赖症的共同特征，比如酒精依赖者离不开喝酒，药物依赖者离不开吃药，赌博依赖者离不开赌博，购物依赖者离不开购物，都具有一样的强迫性，都是无论如何都必须去做的。"性依赖"也是一样，会表现出对性行为的痴迷，没有性爱就不能活，无法控制自己的性冲动等等。

> 强迫性几乎是各类依赖症的共同特征，"性依赖"也是一样，表现出对性行为的痴迷，没有性爱就不能活，无法控制自己的性冲动等等。

很多情况下是同时陷入几种依赖症的"交叉"状态，也叫"交叉依赖"或"复合依赖"，这种情况也很常见。这种情况下"性依赖"往往是必在其中的，一般情况下，只要是酗酒成瘾、赌博成瘾的人，一定会有"性成瘾"（性依赖）。女性当中常见的对食品的依赖，或对某种特殊事物的依赖一旦同时具有的话，往往"性依赖"就会伴随其中，这种情况也非常常见。

用文字描述"忍不住不去做爱"的心理可能很难解释清楚，大家只能靠想象去理解这到底是一种怎样的感受，其实想想酒精依赖症者对酒的依赖或毒品依赖症者对毒品的依赖，情况大抵是一样的。如果不能做爱，便十分难受，一种无法抑制的欲望冲动推动着自己必须去做那件事。在所有的意念当中，"性"是最强烈的，除此之外，其他的都不重要，不能说一概不予考虑，而是欲望冲动"激励"着自己无法考虑别的事情。就像犯了毒瘾酒瘾的人一样，整个人的身心都在颤抖，必须赶紧吸毒，马上饮酒。而性依赖的人一旦犯了"性瘾"，就要马上去找人做爱，否则连自己的身体都无法主宰，严重的性依赖者可以达到这种程度。

性依赖的概念

性依赖这个概念在学术上是从 1970 年代开始慢慢提出来的，到了 1980 年代以后已经被广泛使用了，但是至今依然没有一个严格意义上的科学定义，对这个概念的使用应该说目前是比较混乱的。

过度的性冲动可以造成暴力强奸、变态性行为等性犯罪，这是任何社会都不可能接受的。其实，有关性的问题是非常复杂的，它涉及生理、心理、社会、文化、宗教、遗传、生物、情感等等众多因素，多数人对性的认识还是从生理、心理和情感的角度出发来理解的，但真正从科学意义上去理解和定义它确实是件非常困难的事情。

暂且不谈关于性依赖的定义，从实际使用的角度来看，美国是使用"性依赖"这个概念最早的国家，美国的司法审判实践中经常使用"性依赖"这个概念。比如，妻子因丈夫好色、经常在外嫖娼或离不开婚外的女人等等原因提出离婚，即便丈夫的代理律师出庭应诉，也会承认男方确实有婚外的性依赖，对妻子缺失了一定的责任，这是没有办法的事情。心理学专家和精神医学专家有时也会作为技术鉴定专业人士参与性骚扰或性犯罪这类刑事案件的技术鉴定工作，这在美国刑事司法中是常见的。

但是，实话实说，有时媒体的语言具有放大的功能，最近很多杂志和电视节目中经常出现有关"性依赖"的内容，这些内容都具有一定的轰动性和煽动性，能唤起读者或观众关注的欲望，吸引大家的目光。比如"性依赖症者的妻子们"这类节目或故事，一开始登场的往往都是清一色的女性，但看着看着就成了她们集体讲述丈夫是多么的好色等猎奇的内容，让人看了以后不免会有"还有这么离奇的人啊！""还有这么下流的人啊！"的慨叹。有些男性甚至都期望自己哪天也能有这种艳遇或机会，遇上个"性依赖症"的女人该有多好。其实，对真正的性依赖症个体来说这都是非常难堪的事情，作为我们专业工作者来说确实有必要多普及一些这方面的知识。

"性"在大多数人的意识当中应该是一般意义上的，其实"性"分为"个体的性爱"和"非个体的性爱"两种情况。像例 11 中的贵志和例 13 中的真美就属于"个体的性爱"类型，是沉溺于一对一的个体性爱的例子，这种情况也分为对特定的对象有过分的性爱和不特定的对象（很多人）有过分的性爱。另一种情况就像例 12 中的广树，有喜欢成人视频、色情书刊、杂志、网站等色情商品的性癖好，强迫性地收集收看或使用这类色情商品而沉溺其中不能自拔，这种性爱属于"非个体的性爱"类型，不依赖于某一个或某几个特定的性对象，而且性爱可以借助于非个体实体（真人）来完成。

另外，从性爱的行为内容上来看，有"倒错性爱"和正常性爱的区别，所谓"倒错性爱"是指人被某种东西诱惑到了严重偏离正常的程度，比如露阴癖、窥淫癖、恋童癖、性虐癖、恋物癖等等，这些都属于"倒错性爱"类型；正常性爱的性依赖者的性行为基本是以正常的性行为或手淫来完成的。

对自己、对他人都造成了严重的危害

读到这里应该知道性依赖和单纯的喜欢"性爱"是两码事了吧。的确，过频的性爱是个不容忽视的问题，一般这种冲动的背后都有深层的心理原因。另外从受伤害、受影响程度的大小也可以区分"性依赖"和一般性的喜欢"性爱"的差别。对于性依赖者自己也好，周围

> 性依赖带来的主要问题是性病，金钱上的负担，社会地位的丧失，与家人关系不和，对家人的虐待，不做爱的时候的空虚感、不安感、焦躁感、烦闷感等等。

的人也好，或者对陌生的性对象也好，造成了很严重的影响或伤害的基本都是"性依赖"行为的结果。

性依赖带来的主要问题是性病，金钱上的负担（为了去风俗店嫖娼而借债，为了吸引女性并与之交往而大把地花钱），社会地位的丧失，被捕（因性犯罪等），与家人关系不和（因两性关系与配偶和家人产生矛盾），对家人的虐待（特别是在美国把自己的孩子作为性侵害对象的性依赖者大有人在），不做爱的时候的空虚感、不安感、焦躁感、烦闷感等等。性依赖和酒精依赖、药物依赖相比较，很容易被轻视，但实际上，性依赖对人的伤害和影响一点都不比其他依赖症小。

为了很好地理解性依赖的严重程度，帕特里克·琼斯设定了三个非常具有参考价值的性依赖严重程度的标准。

标准一：性依赖的行为还能够勉强被一般的文化观念和社会习俗所接受，这是个基本特征。人们可能会认为这些行为比较常见，类似的事情也很多。但一旦这些行为具有一定的强迫性（惯性），自己和他人就不可能不受到这种行为的负面影响。符合标准一的例子一般有：过度的手淫自慰，一次性和多人发生性关系，喜欢看色情的东西，常进出风俗娱乐场所，喜欢嫖娼取乐等等。

标准二：性依赖的行为往往处于法律处罚的边缘，像露阴癖、窥淫症、恶意性骚扰等等这类性犯罪，这部分人是非常令人痛恨的，他们从来不构建正常的人际关系，把主要精力都放在了变态的性行为上。很多人被他们伤害，他们也因此经常受到法律的惩罚。标准二的共同特点是一定会有被伤害的一方，而且被伤害的程度不轻。

标准三：性依赖的行为多半触犯了法律，比如犯了虐待儿童罪、近亲通奸、强奸、暴力性犯罪等等，这种犯罪行为给被害者带来了严重的伤害和灾难性的影响。对于符合这个标准的人来说，他们不可能得到人们的怜悯或同情，他们的行为是非常严重的违法变态行为，必须依法严惩。

治疗"性瘾"是一个痛苦的过程

日本国立疗养所久里浜医院的白川教人先生和长尾博司先生合著的《依赖症：不可思议的溺水之心》中说，依赖的形成过程是这样的："报酬效果"→"反复作用"→"精神依赖"→"耐受性"→"身体依赖"→"虚脱症状"→"反复使用"，如此，一个依赖过程就形成了。

以酒为例做个说明，假如某人在公司里遇到了令人心烦的事情，无论怎么做心情都很低落，即便回家躺在床上，烦恼消极的情绪也会萦绕在心头，挥之不去，辗转难眠。这时如果打开一瓶葡萄酒，喝上一两杯，原来郁闷消沉的心情会立刻消失得无影无踪，这时再回到床上，不一会的工夫就进入了梦乡。这种舒服的感觉是借助于葡萄酒来实现的，葡萄酒就成了心烦时让自己愉悦的依赖品，这就是所谓的

> 当面对某种应激压力，人感到非常失落的时候，心理问题也会随即产生，内心会有各种不适感或痛苦感；有过用性的手段来解决这些应激压力的经验以后，"报酬效果"就出现了。

"报酬结果"。

第二天或许还是心烦，想想昨天喝上两杯葡萄酒就睡了个好觉这个经验事实，马上就效仿了上次的做法，结果还真是管用，第二天又睡了个好觉。于是，"一喝酒心情就变好，而且会睡得很香"这种认识和习惯就建立起来了，而且，不仅在睡觉前，或许一觉得心烦就想借酒消愁，这是很有可能的，这就是所谓的"反复作用"。

持续反复作用的过程当中，慢慢地就对酒产生了依赖，不喝酒就睡不着觉，寂寞空虚感会席卷而来，就会变得不喝就不行，这就到了"精神依赖"的阶段，同时，身体也习惯了，如果保持现在的饮酒量说不定已经无法满足原来的那种愉悦感，身体对酒的"耐受性"也就建立起来了。为了达到过去的那种愉悦感，饮酒的量不得不继续增加。

饮酒量一旦增加到超出身体的吸收、适应和处理能力的时候，人的身体就会出现一种匪夷所思的现象，即酒精不进入到人的体内，人就会有一种不安的感觉，这就是"身体依赖"的阶段。相反，只要不喝酒（没有酒精进入体内）就会出现盗汗、身体颤抖、焦躁烦闷、恶心眩晕、抑郁狂躁等等"虚脱症状"。为了解决这些令人心烦焦躁的问题，就不得不进一步地"反复使用"（反复酗酒），如此形成一种循环，这就是依赖症的形成过程。

性依赖与酒依赖可能会有微小的差异，但基本上也是遵循了这样一个过程。当面对某种应激压力，人感到非常失落的时候，心理问题也会随即产生，内心会有各种不适感或痛苦感（关于这个问题后面会详述），有过用性的手段来解决这些应激压力的经验以后，"报酬效果"就出现了。于是，一有不愉快的事情发生就想用追求性快感的方式来解决，反反复复形成习惯（反复使用）。

在做爱的时候会想具体用什么样的手段才能获得最大的快感呢？（做爱的方式），在想做爱的时候会绞尽脑汁地琢磨用什么样的办法才能让一个异性和自己做爱呢？（发现做爱的对象及说服对方和自己做爱），这是需要慢慢练习的。经过长期的实践摸索，最终会形成一种固定的模式，这就进入了没事就考虑"性爱"这类事的"精神依赖"阶段。性爱对象的数量、性爱行为的具体方式、做爱的次数及频率等等都在不断地升级，逐渐发展到对这类行为有一定的"耐受性"。不做爱的话，身体和精神就会变得非常痛苦，整天精力不集中，神情恍惚，这就是"身体依赖"和"虚脱症状"阶段。为了消除这种痛苦的状态，就"反复使用"性的手段，最终形成"性依赖"的恶性循环。

总认为自己的"性依赖"是正常的

在第一章里我们讲过有关"认知系统的扭曲"这个问题，简单地说就是为了自己的需要而去歪曲客观现实，把性依赖说成是具有正当理由的需求和行为。比如，像下面这样的说法（无论是在心里讲也好，说出来也好）是经常遇到的。

"性爱这种事情，没什么不可以的，又不触犯法律。"

"这是谁都会做的事。"

"性爱是给自己的奖赏。"

"做爱就是为了喘口气，歇歇。"

（在实施性犯罪的时候）"别人根本不知道的，看不出来的！""即使发现了也不是什么了不起的大罪。"

"为了放松放松才做这种事，这也是没有办法的事，人嘛，哪有不喜欢性爱的呢？"

"寻求点性刺激不是什么坏事吧？"

"这种事对方也很满足的……"

"正因为在外面有些放松消遣的性活动，所以工作和家庭反倒挺顺利、挺和平的。"

"只有男人才这个样，所以，永远也不想做女人！"

"不暴露就没事。"

"因为受到了强大的诱惑，实在是没有办法的事……"

"大家一定要解放自己，不能太禁锢守旧了。"

"杂志上都写得清清楚楚，做爱有利于身心健康……"

以上说法好像把"性爱"比喻成喝点小酒，吃点小点心，是谁也无法回避的，只不过是多点少点的问题。其实当事者自己也认为这样做有些不妥，甚至也知道不能再这样继续下去了，应该设法改变一下；但恰恰是因为明白个中的道理，所以才会产生一种为自己的行为辩解的冲动，总会自觉与不自觉地认为自己的行为是有一定合理性的，是有正当理由的，所以才一步步对性有了依赖。

容易陷入"性依赖"的人的性格

对大多数人来说，"性"是非常有魅力的东西，特别对于男性来说，如果能有很多的性伴侣，和尽可能多的女性有性的交往，能有足够的钱和时间去风月场所找女人享受性爱，能够尽可能多地浏览黄色音像制品、杂志、书籍等等，这是很多男人梦寐以求的。那么，喜欢性爱、寻求性爱和深陷性依赖的区别是什么呢？先来看看下面的检查点。

检查点

☐ 为了得到异性的性，哪怕是违心的也会说"我爱你"。

☐ 一旦心情不好，啥都不想干，就想做爱。

☐ 明明已经不太有性欲了，但还是会禁不住去做爱或手淫。

☐ 一旦性冲动来了，自己是无法抑制的。

☐ 已经涉及性犯罪或者差一点就触犯法律。

☐ 性爱一结束，马上会有罪恶感、自我厌恶感、后悔和厌烦的情绪产生。

☐ 得到性爱是追求对方的唯一动机。

☐ 为了得到性不惜使用各种手段，无论做出怎样的努力都在所不惜。

☐ 在第一次得到女性的性之后会有种胜利者的感觉，会觉得自己是了不起的人物。

☐ 初次相遇满脑子想的都是与对方的性有关的事情。

☐ 经常与不特定、不固定、很随意的异性发生性关系。

☐ 只有在做爱的时候才能够感觉到自己是快乐的。

☐ 只有在做爱的时候才能够感觉到自己真实的"存在感"。

☐ 只有在做爱的时候才能够感觉到自己是被爱的。

☐ 做爱前、做爱中，对性爱对象爱得死去活来，做爱一结束，一切都烟消云散，刚才的"爱"瞬间就消失得无影无踪了。

☐ 关于"性"的问题，谁也不知道自己的秘密。

☐ 受性冲动的驱使，脑子里没有一点风险意识，根本不去考虑会出现什么样的危险后果。

☐ 在工作或其他事情上心烦意乱的时候就想用"性爱"来驱赶这些烦恼。

☐ 与配偶的沟通总是不顺畅的，似乎只有性爱是唯一的交流方式。

☐ 买色情商品和出入风月场所的花费巨大，令生活陷入拮据。

☐ 由于性事（外遇、嫖娼、性瘾、性骚扰等）的原因招来了巨大的麻烦和纠纷。

以上每一条都有程度不同的问题，或许大部分男人或多或少都有那么一点点倾向，为了避免被贴上"性依赖"的标签，大家自然会以"至少是陷入几个问题以上"才能算是"性依赖"的托词来回避自己的问题。当然，符合以上条件越多说明性依赖的倾向性越重，这是毋庸置疑的，但也不好说具体符合几条以上才算是"性依赖"者，确切地说只有一条符合也不能说不算，只是程度不同而已。下面对以上条目所包含的意义及"性依赖"的心理机制做个详细的说明，首先来看一下容易陷入"性依赖"的都是些什么样的人。

常常感到惴惴不安的人（缺乏安全感的人）、抑郁倾向较强的人（心情、情绪容易低落的人）、强迫倾向较强的人（对人对事追求极致追求完美，做事情必须要这样做或那样做，不能有一丝半毫的差异，不达目的誓不罢休的人）、对人际关系敏感的人（不善交往且易在交往中受伤的人），以上类型的人最容易陷入"性依赖"。

这是学者拉维夫提出来的，拉维夫还给出了一些更有趣的数据，他对性依赖症者和赌博依赖症者做了人格比较，结果显示性依赖症者比赌博依赖症者更具压抑感，本来赌博依赖症者与其他依赖症者比较起来，抑郁倾向是最强的，现在看来，性依赖症者比他们又有过之而无不及了。在其他方面（不安感、强迫倾向、人际关系的适应性等等）这两类人差别不大。拉维夫由此得出结论，性依赖是对不安、压抑、强迫性和人际关系敏感等等负面情绪的适应性应对手段。

关于性依赖症者的人格特征，还有一个"分离"的概念是比较突出的，简单说来就是双面人格，前章曾经讲过的英国科幻小说《化身博士》中的吉基尔和海德就是典型的例子。

英国社会心理学家乔·格里芬等人在接待性依赖者的时候发现，他们中有三分之二的人有明显的分离障碍（dissociative disorder）。一个平常温厚常常感到惴惴不安的人（缺乏安全感的人）、抑郁倾向较强的人（心情、情绪容易低落的人）、强迫倾向较强的人（对人对事追求极致追求完美）、对人际关系敏感的人（不善交往且易在交往中受伤的人）最容易陷入"性依赖"。

老实的人，或者是教师、官员、警察等职业很体面的人，甚至是政治经济地位很高的人，同样会有令人匪夷所思的性侵害或性犯罪行为发生，为什么这种人还会干这种事情呢！周围的人一定会大吃一惊，这就是吉基尔和海德的双面人格问题。

这种人经常为了跟女人鬼混而煞费苦心地布置一个充满色情调子的小环境，常常带着情人或妓女在这种房间里尽情地享受性爱，一面又在家里伪装成个正人君子，其实是彻头彻尾的双面人生、双面人性。当然，与"性"有关的隐私是个人的秘密，应该有所隐瞒或保护，但越来越严重的双面人格背后的性隐私不能不引起足够的重视，它会逐步侵蚀性依赖者的内心，最终形成一种恶性循环，令其难以自控难以自拔。

性依赖者的深层心理有五个要点：

从应激中逃脱出来——逃避

在很深层次的感情上有失落消沉感、烦恼焦躁感、封闭自锁感、压力紧张感、不安恐怖感。

到了高潮兴奋顶点的瞬间，在这之前一直持续高涨的紧张状态（肌肉、血压、心率、呼吸）一举被释放了，在这一刻的心理感受是任何其他行为都无法替代的，是一种超级的愉悦感、释放感和松弛感。与其说是性欲旺盛导致了这一结果，不如说是上述列举的低沉失落、心烦意乱的负面情绪所引发的这一结果，应该说从最初的厌烦状态开始就酝酿或计划做这件事了，有过与其他女人（并非配偶或恋人）的性爱或自慰等方面经验的人应该有这种体会吧。再比如因为睡不着觉而自慰这种情况，自慰完了就能舒舒服服睡个好觉，这种说法或者经验对大多数男人来说应该是深有体会的，这是通过性的刺激使得自己的身体达到兴奋的极点，以此来缓解身体的压力和疲劳感，使身心得到极大的快慰和放松。其实，自慰仅仅是一种性行为的替代形式而已，离"性"的真正动机和目的相差甚远，但毕竟能够使人从紧张的情绪压力当中解放出来，这是毋庸置疑的，所以会让人对这一行为产生依赖。

性依赖的产生与对压力的应激反应也有直接的关系，这方面的例子有很多，比如在工作中被苛以高强度的工作负荷；被勒令从事不习惯不熟悉的工作；虽然给予小小的晋升，但却附加了沉重的责任和义务，等等，这些工作上的变化也会成为导火索，对人形成持续的高压状态。为了逃避和缓释这些应激压力，作为一种最方便最快捷的手段，性爱或自慰会成为首选而被利用（尤其是男性）。

另外，做爱的时候不仅是利用性的刺激让人从紧张的状态当中解放出来，更重要的是把心理能量从眼前的工作压力上转移到男女关系上，甚至是以高难度、高刺激的性爱技巧和方法来展示与体现自身的魅力，关于这一点在第四章的浪漫依赖里面有过介绍。

要说为了逃避现实和压力而深陷性依赖的话，其实其他的依赖症也是一样的原因，都是为了逃避现实和压力而形成的某种依赖。有的选择喝酒最终成为酒精依赖，有的选择毒品最终成为毒品依赖，如果选择食物的话最终可能会发展成为拒食症抑或过食症，性依赖无非是把选择的对象和手段锁定为"性"而已。

那为什么有人选择酒，有人选择性呢？关于这个问题的答案，虽然可以明确地讲有遗传基因方面的影响（现代科学已经发现，酒精依赖形成的重要原因之一是遗传基因的作用），但也不能仅抓住这一个简单的因素，也有其他一些偶然的因素。比如，辗转反侧难以入睡的时候，起来从冰箱里拿出一瓶啤酒，一气喝下再回到床上，一定会快速进入甜蜜的梦乡。如果每天晚上都采用这个办法的话，那酒精依赖是肯定跑不了的。如果偶尔再去接受一下异性按摩，从此就放不下这种嗜好以至于陷入性依赖的更是大有人在。

另外，有人遇到不快乐的事情就用喝酒、赌博的方式来排解。原因可能是小的时候见过父亲有同样的行为，心烦的时候就去喝酒、赌博，父母的这些行为对孩子的影响也是巨大的。另外，色情小说、电影、画报、电视剧、漫画对人的影响也是很大的。看到那些紧张刺激的场面，作为年轻人都会深受影响，慢慢地就学会了用这些色情的东西来排解压力，驱赶烦恼。

性格和职场的双重压力

例 12 中喜欢收集色情制品的广树有着周围的人一致认为不错的性格，待人处事非常有礼貌且细致周到，因此赢得了老师、同学，也包括学生家长的信赖和尊重，这是能想象得到的。但他的内心与他的工作和职业形成巨大的反差，外表为人师表一本正经，内心远远不像在工作中所表现出来的那样，整个人似乎是里外两张面孔。越是装得一本正经，所承受的压力就越大，实际上就是因为不擅长解决应激压力，所以才摆出一副正人君子一本正经的假面孔来告诉外界，自己没事，自己很好，自己很快乐。

比如他课前做的准备工作是非常细致的，当然，作为教师来说这样做是必需的，但在他身上表现得更加突出，这堂课该教什么，怎么进行单元分配，他考虑得非常细致，可以说是游刃有余不忙不乱。即便心里揣着那个肮脏的性冲动的小秘密，也绝对不会表现出半点的焦躁和不安，学生们从他脸上一点也看不出有丝毫的蛛丝马迹，不会知道他心里是怎么想的。

当老师好几年了，到现在他都有一个习惯，晚上睡觉前一定要想一想，明天的课都讲什么？学生们会好好地听课吗？如果学生们提出些意想不到的问题怎么办？这种焦虑和不安他一直都有，这种焦虑反倒得到了大家的称赞，都认为广树是个很有责任心的老师，对自己的授课很负责任，对自己的学生也很负责任。他对课程的进度情况、学生的学业成绩、自己与学生的关系、与学生家长的关系、与其他老师的关系等等，都非常在意，甚至有些过分地担忧和焦虑。他经常说老师就应该做到事无巨细，万无一失。从他的个性来看，工作、事业和人际关系给他的压力显然是巨大的。

显然他找不到合适的办法排遣自己的压力，他没什么其他的爱好，比如说玩游戏啦，和同事、老师、朋友一起去聚个餐，喝个小酒唱个卡拉OK啦，这些都没有。节假日就在家里做做家务，再做做上课的准备。其实和同事聊聊天也好，经常在一起聚聚也好，都是缓解压力的手段，但广树却独自选择了用色情手段来给自己排解压力。工作了一天，很疲劳地回到家里，尤其是和学生、同事之间发生些小矛盾、小意见、小纠纷或是小争吵的时候，他就用看色情制品、手淫自慰来为自己解压，这成了他最方便、最快捷的排解压力的手段。

广树大学毕业以后就当了老师，开始了一个人的生活，就在这时他迷恋上了色情的东西，现在来看正是因为工作中的一些压力成了他寻求色情刺激的导火索。回到他爸妈那边这个问题也同样存在，他父母住的地方非常狭小，他和妹妹兄妹两人，另外还有祖父祖母都住在一起，个人的隐私是很难保证的，在房间里偷偷看那些色情的东西是不可能的。也许就是由于这个原因，他毕业后选择了独自生活的方式，目的就是为了能让自己随时购买和欣赏那些色情的东西，让自己能够尽情地沉浸于仅仅属于自己的"幸福"空间里。他这种状态的形成应该与性格、职业、心理、环境等等诸多错综复杂的因素有关，广树的强迫行为也可以说是在喜欢收集观看色情音像制品这一问题上被进一步强化了。

想确认一下自己还活着——自我确认

在很深层次的感情上有虚无感、疏离感（远离他人的感觉，心理疾病的一种）、空虚感、缺乏生活的真实感受、缺乏真实的存在感。

这也许是生活在现代社会的人们特有的一种心理疾病，当下很多人有这种烦恼，即感受不到活着的快乐，没有那种真实的存在感和幸福感；无论做什么，都感觉不到是自己愿意抑或主动想去做的，而是像个机器人一样被遥控器指挥着干这干那。没有主体自我的存在感，只有客体的自我在那儿存在着，不管做什么事情，只是客体的自我在那儿应付着，所以感觉生命就是一种行尸走肉的存在，对这种空虚的人生深感无助。

性行为最易成为身边方便快捷的"放松"工具，尤其是男人。对于充满生理欲望（本能性要求）的男人们来说，一边强压着生理的欲望，一边忍受着不甚情愿的工作和生活，这种状态持续得越久，内心的矛盾、冲突、压力就越大，这时"性爱"会让他们感受到"活着"的真实与快乐。特别像是动物，作为生物的存在，动物真实感受生命不是靠它的大脑，而是用整个身体，性爱是首当其冲的触角，当动物在性爱的时候是它感受自身生命能量、存在、价值等等最强烈的时候，动物是不会用大脑来思考和感受自身生命的存在感的，所以我们才把动物称之为"兽"。

性依赖形成的第二个重要原因就是为了体味活着的真实感受，从而进行频繁的性爱，最终形成依赖。人一旦遭遇巨大的空虚感和虚无感，又一心想从这些痛苦的感受中逃离出来的时候，会去追求一些强烈刺激的东西，比如酗酒、吸毒、打架、鲁莽驾驶等等一些非法的行为或者是激烈的运动、坐过山车等等这类刺激性的、合法的行为。无论是哪类行为（只要够刺激）都会给空虚无助的人带来一时的放松、解脱或愉悦感。比较极端的如割腕自杀（自虐）这种行为，尽管许多人对这种行为无法理解，但据那些有过割腕自杀（自虐）经历的人说，这一过程对他们是一种极大的解脱，甚至会在这一行为过程中感到快乐，所有的压力会随着这一行为而释放。他们就是为了追求这种感觉才选择这种行为的，不一定真的是为了放弃生命。这种行为在他们身上会反复出现，因为他们在这一过程中能体会到正常人所无法理解和想象的那种"快乐"和"放松"。那种强烈的刺激感是他们在心理心智正常状态下不会轻易去触碰的，因为人毕竟不是动物，正常的时候他们也会抑制自己的行为，只有当压力大到他们自己已经无法排解了，再不采取措施就"崩溃"了这种程度时，他们才会像动物一样用身体感受（割腕自残）的方式去解压解困。这是一个很重要的因素，既通过这种强烈的自残方式来满足自我的放松和快感需要，又能在这一过程中体会到自己真实的存在感，也可以说是用这种方式来"唤醒自己""夺回自己"，这就是所谓的"自我确认"。

"性爱"被选定为"自我确认"的手段，从便利性上来说是很容易理解的。性爱给人带来的强烈的刺激感受就不用说了。因性爱而触犯法律或损伤身体健康的事并不少见吧。当今社会想得到性爱太容易了，只要花钱随时都可以得到，一旦引发性犯罪或染上性病那可就不是一件小事了，要么可能会被刑事处罚，要么可能会因性病而严重损害健康，甚至危及生命，这都是非常现实的问题。但现代社会又非常的畸形，男人就比谁更有钱，有钱似乎就能呼风唤雨，就能搞定一切，就能胡作非为，想干什么就可以干什么；有些女人也开始不讲廉耻不守道德，为了得到男人的钱什么事情都可以做，没有一点法律与自我保护意识，跟男人上床简单得就跟穿衣吃饭一样，非常随便，男女在性问题上各取所需，已经到了十分功利的程度。

为了"自我确认"而进行的性行为与由性欲望驱动而进行的性行为是不同的，根本差异在动机，性欲望推动的性行为应该说大部分是正常的（不正常不健康的主要指婚外的性行为），但性依赖的性行为多数情况下是为了"自我确认"而进行的，未必有强烈的性欲望（有时没有欲望也会去做），所以，只要不彻底清除空虚感、无助感、虚无感，即便没有太强的性欲望，性依赖者的性爱或自慰行为也会持续不断，反反复复。

性爱也是一种自伤行为

举一个为了实现"自我确认"而去实施性行为的例子。有一个一心想成为歌手的24岁的女子，名叫早纪，她有过多次割腕自残的行为，但并不是真的想去死，而是通过自我伤害以自我唤醒的那种。

她创作的词曲不是很理想，在舞台上演出的效果很一般，自我厌恶感就产生了，这时回到家是很危险的，但更危险的是如果此时又没有什么预定的事可做，家里又只有她一个人，孤苦伶仃，伤心寂寞，感觉一切都变得空空如也，人好像一下子被一个黑洞吸了进去，自己马上就会在这个世界上消失了一样。于是，为了"挽救"自己立刻采取割腕的行动。如前所述，在实施割腕的瞬间，那种痛楚和血咕嘟咕嘟往外冒的感觉对她来说是非常刺激的，而且会感到瞬间的愉悦和兴奋。习惯了的话在割腕的时候用多大的强度，使多大的力气，割多大的切口似乎都心中有数了，现在她的手腕上留有数十道伤疤，那都是生生自残的痕迹啊！

迄今为止和她发生过性关系的男性数量在百人以上，大部分都是一夜情。心烦的时候也不是非割腕不可，有时也会借酒浇愁，但喝上点酒之后心灵会变得更加空虚，这时会一个人摇摇晃晃去某个俱乐部，与邂逅的男生打个招呼，然后便是与之共度良宵，先是和这位陌生的男士来一番肌肤之亲，之后便是性事，这种动物般的感觉她认为很好，第二天早上又能精神焕发生机勃勃地去上班。

她在上初中的时候就有割腕自虐的行为了。其实她的家庭在当地是很有影响的企业家族，因为父母忙于事业从小就对她疏于关心，她觉得很孤独，从小就想离开这个家。第一次和第二次割腕时她真的认为自己会死，这两次都是用急救车拉到医院进行抢救的，但结果她没有死。慢慢地她对割腕有了一种依赖，觉得这个行为很刺激。随着身体的成熟，性爱和割腕自残一样给了她巨大的吸引和刺激感受，而且在刺激的强烈程度上一点不逊于割腕自残。性爱的最大优势在于它可以不给自己带来伤残，而且非常的简单，同时又魅力十足。

高中毕业后，她离开老家远走他乡，虽然父母都希望她能回来，但从她内心而言对原来那个家已经毫无留恋。然而，孤身在外漂泊，她对于自己的处境又非常的焦虑和担忧，内心有种强烈的不安感。在偶然的因素作用下，那种不安感便会急速发酵席卷全身，然后为了确认自己还存在于这个世界上，她就用割腕或做爱的方式来证明自己的存在感或价值感。

存在价值的证明书——性能力

在深层次的心理上有自卑感、低劣感、自我否定感和无价值感

常常炫耀自己到目前为止和多少女性发生过性关系，这样的男性其实是有自卑感的，说起来这种男人不在少数。另外，喜欢一个想都不敢想的女人，靠自己的手段最后真的把她搞定了，而且还发生了性关系，男人会觉得自己很了不起，很有魅力，很有本事。

对于男性来说，"性"和"能力"是密不可分的，关于这个问题，从进化论及社会文化等方面来讲，人们还是普遍持有"与越多的女性有染越说明这个男人不简单"的意识的，这种意识不仅男人有，其实女性也有，是一种由历史与文化塑造的根深蒂固的观念，存在

于大家的深层意识当中。一个男人能够得到很多的女人，在过去是会被羡慕的，"看看人家这种男人，多么风光，多么有能力"，这种"赞美"之声一定少不了。但放到现在就不能这么说了，首先是与当代社会的基本价值规范相违背。这种行为已经被社会公序良俗所摒弃，其次是与社会所规范和倡导的个人基本素养及法律规定相违背，是触犯品行底线和法律底线的行为。现在如果我们再听到有人在大庭广众之下说"至今我睡过30多个女人"和"至今我就只有一个女人"，无论说的一方还是听的一方，大家可以想象，心理感受会是什么？差距又有多大。

"性"对于男性来说除了能证明男子气概之外，还是"力量"和"存在价值"的体现，男人那种征服女人的感觉太好了。在那个瞬间自己是个男人，是个有力量的男人、是个有能力的男人、是个有魅力的男人、是个有自我存在价值的男人等等感觉会席卷全身，此时的自信心也是最强的，平时抱有的自卑感在这会儿会荡然无存、烟消云散。

做爱的时候，男性既想让女性充分地满足自己，又想让女性得到充分的享受，阴茎的大小和射精的持续时间是男性非常关注的事情，如果不能很好地完成一次高质量的性爱过程，男人会倍感失落，会因为自己的无能而证明自己是没有价值的。总之，性爱过程好也罢不好也罢，对男性来说"性"都是一个非常重要的东西，对自己是非常有价值的。

其实女性也不例外，也有通过性来体现女人的魅力、女人的价值的问题，但女人对"性"的态度和表达方式远不如男人那么开放、那么随意和直接。男性接触的女性数量越多，越被其他男性所羡慕。女性的话恰恰相反，与男性的性交往越多会被当成是淫荡和轻浮的表现，在这方面社会的态度观念是相反的。

女性直接以"性"为诱饵也许是低俗的，稍微有点暗示性的语言或表情就能激发男性以"性感受"为中心的高涨情绪，如果此时再加以赞美、恭维男性的语言，或者是一起去吃个饭，尤其是去一些比较浪漫的场所，男性此时的注意力会高度地集中在女性的一举一动上。简单来说就是女性只要会献媚，就可以实现对男性的"性"支配。

以上描述了"性"与"能力"的关联性，权力、支配、才干、存在价值等等所有这些东西都可以用"能力"这个词来指代，对于"性"来说同样可以与"能力"相关联，这种代表着"能力"的"性"是性依赖的第三个心理因素。

由于根深蒂固的自卑感，性依赖症者对自己活着的意义和价值始终抱有疑问，反过来更加剧了内心深处的自我否定感和无价值感，如此恶性循环很容易陷入为了证明自己的"能力"而进行的性爱当中，因为只有在做爱的时候能够感受到自己（征服女性）的能力，也只有这个时候是自己最快乐、最放松、最幸福的时刻，所以就强迫性地走上了追求性爱的"性依赖"之路。

除了性感觉不到爱——渴望被爱

在深层次的心理上有孤独感、无价值感、自我否定感和无爱感

在自己既不接受自己也不爱自己的情况下，怎么处理感情的事呢？那只能寄托在他人身上，但问题是别人不爱自己呀，久而久之就形成了慢性的爱缺失（爱缺乏）。这时即便有人说爱自己或自己很重要之类的话也无济于事了，自己根本不相信这种表达，因为原本自己就不爱自己，所以无论他人怎么说爱自己之类的话，即便是用行动表达对自己的喜欢也是徒劳的。但性爱是可以（接受）的，因为那不需要经过大脑，只用身体来感受就可以，很直接，而且有强烈的表达或接受表达的愿望。

如果对方说"我爱你"，本人是很难清楚地理解这句话的真实含义的，甚至会表现出极度的怀疑，"不可能是这样的吧？""我对自己是真的不了解"等等类似的想法层出不穷，所以，最后的结果依然是无法从内心接受别人的示好。但是紧紧地抱在一起，无所顾忌的肌肤之亲，各种形式的挑逗或性刺激都可以接受，甚至是无边界、无节制、无回避、无遮掩地全身心的接受。

只有在做爱的时候才能感受到爱，这种说法经常从女性口中听到。男性中也有如此说法的人，这种男人的自我感受是在做爱的时候会全神贯注、全力以赴、全身心地投入，之后对做爱的对方会产生负罪感，好像这个负罪感就是对对方的一种情感回馈吧？男人自己也说

不清楚，但至少从一个侧面能够说明对做爱的对方是有某种情感或情愫存在的，这种情况下的性爱说白了就是为了得到爱而去做爱。其实，所有的人在做爱的时候都能表达爱或被爱的情愫，这是很正常的，性爱本来就应该是相互的，你爱我，我爱你，性爱才唯美和谐。但是，体会这种互爱的情感不应该只局限在做爱的时候，一起散步，一起说话聊天，一起郊游吃饭，都应该有这种互爱的感受，绝不可能只在性爱的时候才有感情。无论谁都想要（需要）爱情，无论谁都希望被人爱，所以，为了逃避因"得不到爱"和"不被爱"给自己带来的恐惧感和不安感，就强迫性地追求性爱，这是性依赖的第四个心理因素。

这也是相互依赖症者容易陷入的一种模式，第二章里讲述过相互依赖症者有一个最突出的特点，就是对"被爱"缺乏自信，从不认为有人会真的爱自己，但却对"被抛弃"怀有极强的恐惧感。正是为了感受"被爱"或"不被抛弃"才不断地去做爱，这种关联性不难理解吧。相互依赖症者在过去与父母的亲子关系中也不都是经历"战争"和争吵的，也有不少平静的生活、快乐的享受、情感的支持、心理的呵护等等好的体会和感受，但遗憾的是，长大以后这些人很容易把这些好的东西和性行为联系在一起，形成了只要有"性"就会有快乐的思维与行为模式。换个说法就是想要得到对方（无论是爱还是快乐）唯一的手段就是性爱，明明可以用性爱之外的其他方式得到这些东西，偏偏非得通过性爱这一狭隘的手段来获取，而且还是强迫性的。

另外，有相互依赖倾向的人为了得到对方的爱不得不想尽一切办法投其所好，看对方喜欢什么就做什么，为了讨好对方甚至会做一些出格的或很特别的事情。在性爱方面即便是被强迫也不会拒绝，有种"对方要求自己做什么，就说明对方需要什么，满足了对方就体现出自身存在价值"的心理，在这种心理驱使下做出的性爱举动和性依赖的行为模式几乎是一模一样的。

创伤的治愈——重新开始，从头再来

在深层次的心理上想治愈过去的伤痛，想重新再来一次，想抛开那些令人烦心厌恶的记忆。

在与性依赖为研究主题的欧美学术期刊上，把性依赖和性虐待相关联的提法有很多。有些人在幼年时期遭受到不同程度的性虐待，长大后深陷性依赖症不能自拔，这种例子有很多。

性依赖和性虐待有很多内在的联系，比如，有性虐待行为的家庭很容易产生相互依赖症者和因身体虐待、性虐待、心理虐待、过分溺爱、过分干涉等因素而无法像正常儿童一样生活和成长的人。于是，为了能感受到被爱而去做爱，这和第四个心理因素有着同样的动机模式。

另外还有"习得"的问题。

比如父亲对女儿经常性地进行性虐待（这种情况很少见，但个别现象确实存在），女儿生不如死，非常痛苦，但却没有办法（因为是亲生父亲）。从另外一个层面上来说，作为幼女根本不知道自己面临的事件到底是个什么性质的事件，根本无从认识和理解，因为从小就被父亲这样对待，这种行为就成了父女间习惯性的交往方式（即便幼女非常反感，但却因为不知道这件事的性质和原因，只能习惯性地服从）。"父女间的关系就应该是这样一种关系？""这就是带有血缘关系的性关系？""和男人的交往就是这样的？"即便有很多的不解和疑问，但无意间还是习得了这样一套行为模式，即把"性"看成是和男人（父亲）最基本的沟通交流方式，从此，性依赖的观念就建立起来了。

人们为了告别自己不太满意的过去，往往会尝试一切重新开始，从头再来，这是性依赖的第五个心理因素。

前几章曾提到过"再挑战"的概念，过去的一个场景（严重的精神伤害，现在的痛苦状态与当年的精神伤害有直接的关系）再次呈现的时候，内心会有种清楚的认识，当年就是这种伤害给自己带来了巨大的灾难，现在要去面对它，也是治愈自己心灵创伤的需要。比如幼年时遭受了父亲的性虐待，心中的痛苦至今仍强烈地存在着，于是在与其他人做爱的时候会和当初被父亲性侵做比较，得出的结果是当下的这些性爱根本算不上什么，和当初与父亲之间的性关系比起来简直就是小巫见大巫，自己反倒觉得对治愈过去的伤痛有一定的作用。

当然，这是明显的"自我欺骗"，两者是风马牛不相及的事情，说得好听一点只能算是"自我心理暗示"，而这种自我心理暗示不可能从根本上治愈自己的伤痛。每次做这些事情都有可能触及过去那些伤痛的记忆，而潜意识中又想彻底治愈自己内心的伤痛，"做爱——伤痛——治愈"成了一种惯性的重复，久而久之，做爱成了治愈自己伤痛的手段，而治愈自己伤痛成了做爱的目的。

这种行为其实也有自我惩罚的意味。受一种错误认识的影响，总认为受到性的虐待都是因为自己不好造成的，如此不堪的自己，就应该像过去曾经受到性虐待一样再次受到虐待。这种自虐心理很容易使自己陷入一种以性行为为特征的危险境遇当中，比如，与不特定的人有性的接触，和陌生人发生性关系等等，这种"性事"成了一种带有强迫性的无约束力的行为。当然，带有自我惩罚愿望的性行为还不能看成是单纯的甘愿受虐的性行为，这是一种对自己全面惩罚的行为，是用"性"的方式对"极为不堪的自己"实施"严厉"的处罚。

另外，由于过去特殊的亲子关系的原因，在父母对于性问题过于严厉的管教下成长起来的孩子，患有"性依赖"的例子有很多，而在那些人当中，有"吉基尔和海德"那种人格、一天到晚活在人和鬼之间的双面人更多。按精神分析的说法是因为压抑得太狠了，在无意识中积累的性欲望过大，已经到了无法自控的程度。还有一些本能的错综复杂的欲望，比如为了适应社会生活而被压抑的一些欲望和要求，压抑越大，欲望就越强烈，终究有一天这些被压抑的欲望会以某种方式爆发。所以，不只是过去亲子关系有问题的人，还有就是平常对本能的一些欲望和要求有强烈的压抑感的职场中人，这部分人其实是更危险的，尤其要找好平衡点和压抑的宣泄渠道。

为什么会一边哭着，一边还能做着爱呢？

25岁的怜子就读于一所专门学校，和同班一个年纪比她小一点的同学关系暧昧，其实是她主动地接近那个男孩，两人发展成了一种比较密切的关系。

一天，怜子对他说"今天下午来我家玩玩吧"，然后顺手把自己的家庭住址给了他。他傻乎乎地啥疑问也没有，拿着地址就去了怜子的公寓住所，一按门铃，出来一位男士，是怜子的丈夫，怜子紧跟在身后解释说"这是我丈夫"。小伙子脑袋一片空白，带去的东西（礼物）也忘了给对方留下了，手里还拿着一本书，本想送给怜子的，结果从自己的左手递到了自己的右手，然后一溜烟地逃了回来。

怜子一次次地诱惑男性，这种诱惑游戏男人一般是经受不起的，所以都会一一"下水"，从一年前结婚到婚后被她诱惑的男性有十多个。也许是怜子的外表极富有魅力的原因吧，明明知道她是别人的妻子，但男人们没有一个不上钩的，但最终的结果他们还是走开了，因为她都是趁丈夫在家的时候让那些男人去她家，她似乎是在用祈求般的眼神告诉去找她的男人："带我走吧！我们一起去国外吧！我们私奔吧！"她做的游戏实在有点太过分、太另类了，一般人都接受不了。

其实，并不是说怜子就那么喜欢"性"，恰恰相反，她反倒是

> 性依赖症者的做爱未必是性欲使然，而是为了实现逃避、自我确认和显示权力或力量的目的，用做爱的方式去驱逐那些负面的感受，实现自我的价值。

非常地恐惧"性"，经常是一边哭着一边和丈夫做爱，原因很简单，她曾经被强奸过，在上高中的时候被恋爱男友的朋友。从那以后她惧怕做爱，每当做爱的时候，当初的噩梦会一瞬间闪过，令她毛骨悚然。在结婚的时候怜子把实情全盘告诉了丈夫，丈夫是个有情有义且开明大度的人，给予了妻子充分的理解，结婚很长一段时间，因为妻子害怕这个事情，他们一直都没有性生活。尽管这样怜子对于性行为依然还是十分恐惧，既然她非常惧怕性行为，为什么还经常诱惑男人呢？

在这里我们想一想前面所述的"再挑战"的原理，从心理学的角度来看，她一次次地"诱惑"男性实际上是一个充分把握和行使主导权的过程，只不过行使的这种主导权的方向和内容是变异的。在这种变异的诱惑"游戏"里面操纵抑或说戏弄男人（也许说惩罚更准确一些），以消除过去男人对她的伤害而给她带来的怨恨，但她自己却意识不到这个行为背后的心理动机，假如她能意识到这个动机的话，说不定过去的痛苦还真能被化解掉不少，但问题是她始终在无意识的动机下"报复"男人，最终的结果是自己过去的痛苦一点都没有被化解，相反却沉浸在恶性的循环中不能自拔。

从深层心理方面来看，性依赖症者的做爱未必是性欲使然，这一点跟普通人的性爱有所不同。普通人是在性欲的推动下去做爱，去享受性爱的快乐，但性依赖症者是为了实现逃避、自我确认和显示权力或力量的目的去做爱，当然也不是没有性的欲望，而是把性欲、性爱、自卑感、逞能感、虚无感、空寂感、孤独感等等都混在一起，用做爱的方式去驱逐那些负面的感受，实现自我的价值。呈现出来的行为看起来是在做爱，其实自己对这种性行为以及驱使这种行为的性欲以外的真正心理动机是没有清醒认识的，只是反复地强迫性地重复着这种行为而已。

不要把性依赖看成是美好的事，就像前面所说的，触犯法律，身体的疾病，金钱的损失，遭到社会的谴责、唾弃等等现实的危害是同时存在的，另外，社会文化、观念习俗也不会接受这种行为，所以对性依赖症者来说努力恢复到正常状态是刻不容缓的，只是这个问题很容易被性依赖症者们所忽视，从某种意义上来说，正是因为这个问题容易被忽视，所以，与其他恋爱依赖症比较起来，性依赖症更具危险性。

恢复的道路正在打开

首先自己要能够认识到性依赖这个问题是一件很严重的事情，但不要随便就给自己贴上"依赖症"的标签。能够认识到"性"的事情会给自己的身心和生活带来很大的影响就行了，至于"性依赖"这个概念，目前很多人是不太清楚的，知道的人也不多，大多数人还无法切身感受到这个问题。从个人角度来讲，也许是因为难以启齿和害羞而不想去承认和面对它；从社会角度来讲也许不想大肆渲染这类事情，但不管怎么说，不承认的事情不等于不存在，对存在的问题不去正视它也就无从改善，有些事情到了不得不面对的时候恐怕就一切都为时晚矣。

其次是积极地寻求帮助，这对所有的依赖症而言都是非常重要的，尤其对性依赖而言。关于"性"的事情都不想跟外人谈及，都觉得是自己的隐私秘密，对外说这些事是相当难堪的，每个人都有这种心理，这是可以理解的，但难以启齿和积极地寻求帮助相比较，后者更重要，对自己更有好处。

遗憾的是以"性依赖"为主题的这类自我帮助、自我修正的书籍基本上是个空白，像解决其他心理问题一样，靠看书来改善和解决自己的"性依赖"问题基本上是不可能的，大部分人还是要去做心理咨询，去到解决有关"性"问题的诊所，详细叙述自己是什么样的症状，什么样的原因造成，该怎么办等等，听听专家的意见，这还是目前最通行的做法。

另外，"匿名戒色治疗协会"（Sexaholics Anonymous，简称SA）1978年在美国成立，后来日本也建立了类似的组织，成员是自愿参加的，以自助服务为主，在这种自助团体中大家商讨如何解决性依赖的问题，彼此提供相互的帮助和指导，对依赖症的矫正来说这种组织起到了非常好的作用。

也可以通过自己的努力来解决性依赖的问题，主要有三个方法，列举如下：

认知重建（cognitive restructuring）

如前所述，性依赖症者会认为自己的所做所为并不另类，谁都会做这些事情，是为了放松才去做这些事情的，等等，极力否认自己有什么"性依赖症"，为了证明自己的行为是正当的而竭力歪曲事实。正因为如此，性依赖才越陷越深以至于深陷其中不能自拔，所以，必须要扭转他们的错误认识，改变当下的不合理认知。

比如，谁没做过这种事啊——确实谁都有过性爱经历或行为，性爱行为本身没有问题，问题在于自己的性爱行为是过分的和不恰当的。

为了放松去做这些事情，实在是没有办法的——放松的方法有很多，不一定非要做这些事情。

受到了强烈的引诱，实在是没办法——只要意志坚定的话，什么样的诱惑也能断然拒绝。

如果不被发现（曝光）就好了——多也好，少也好，总有被人发现的那一天，更为重要的是当下因为自己的过失行为正在伤害自己和周围的人。

平常要在脑子里建立以上新的思考模式，当冲动的性欲遭遇新的思考模式的制衡时，过去那种习惯化了的无法控制的冲动行为会被适当抑制，其实是因为增加了一个充分思考抑或说前置了一种令人畏惧的抑制力量，所以能够起到一个控制自己的作用。当然这是一个缓

> 冲动的性欲遭遇新的思考模式的制衡时，过去那种习惯化了的无法控制的冲动行为会被适当抑制，其实是因为增加了一个充分思考抑或说前置了一种令人畏惧的抑制力量。

第五章 性依赖

慢的习得过程，要慢慢地进行训练，直到形成习惯为止。

设定行为的界限（defining behavioral boundaries）

对于陷入性依赖的人，如果突然对自己提出硬性要求，从今天起一个月不准有性行为，无论和谁都不能发生性关系，这样肯定是做不到的，如果能轻易做到就不会陷入各种依赖状态中去了。以一种完全的拒绝或极端的方式来杜绝依赖肯定是不现实的，注定会失败，甚至会起到反作用。

所以，一开始能够做到什么程度，就从这个程度开始一点一点地加强。事先一定要制订一个计划和改变范围，把这个计划和范围当成一种制度或规则，一定要遵守它，自己无论如何也不能破坏这个规则，当这个规则快要被自己打破的时候一定要给自己以支持，这时如果有其他人能够给自己一些支持会更好。

比如，从今天开始，在一个月的时间内绝不和陌生的异性发生性关系，绝不再找新的以性为目的的"恋人"，有关的色情商品（日本人比较喜欢和常见的道具、画报、视频等）花销必须控制在一万日元以内，等等。肯定不能一下子就治好"性依赖"这个病，而是一点一点地提升自己抗拒依赖的能力，逐渐摆脱性依赖的困扰，至少不会加重原来的依赖程度，这是很重要的。

识别与规避高风险（recognizing and avoiding high-risk situations）

性依赖症者易冒着高风险去追求性的刺激，比如喜欢参加由多对男女参与的性派对、光顾卖淫场所、涉猎黄色网站或影像制品、涉及性犯罪、对陌生异性会突如其来地说一些下流的语言或做出下流的动作等等，这会导致性病、暴力、犯罪或身体的危险等等意外的发生。这是因为对这类事件缺乏基本的认识和认知系统的扭曲造成的，总认为这种事没什么大不了的，没什么危险性。其实这些事情是蕴藏着巨大风险的，一定要提高这种认识，从根本上意识到做这些事情是要付出巨大代价的，一定要建立风险意识，学习用更安全的方式来满足自己的欲望。

另外，即便没有太高的风险或危险因素，比如在娱乐场所、俱乐部、网上的交友平台、专供男性逍遥的夜店等等，都有大量和年轻异性交往的机会，这些交往都有加重性依赖的作用，对恢复和矫正性依赖有百害而无一利，所以远离这些活动及场所是明智的。

向对方告白

当然，这些都只是一些简单的要点而已，但需要再三强调的是，性依赖的改善绝非一朝一夕的事情，而是一个相对漫长的过程，需要付出大量的时间和坚强的毅力，还需要有周围亲朋好友及相关专家的大力帮助和支持。性依赖症研究专家施耐德（Schneider）等人对82名性依赖症者的伴侣（配偶或恋人）进行了调查，结果是这些性依赖症者恢复到基本正常的状态平均需要三到四年的时间，有的需要更长的时间。

要那么长时间的话，可能很多人会感到很失望。坦白地说，50%

以上的性依赖症者的另一半也是性依赖症者,原因是如果不按照性依赖症者的要求去做的话,他(她)们会受到威胁(比如分手等等),因为不愿失去对方,所以选择了隐忍,久而久之也会成为一个名副其实的性依赖症者,只有不到四分之一的人最终选择离开了性依赖症者。坦率地说有96%的性依赖症者对自己的行为没有不适感,甚至感觉很好,有93%的性依赖症者的伴侣也是同样的感受,并不觉得有什么大碍或不妥。

另外,半数以上的性依赖症者都有过一次或一次以上的矫正经历,症状都有明显的改善,所以只要坚持不懈地付出顽强的努力,改变只是时间的问题,途中可能会有反弹,但那不是问题。关键的问题在于要尽早地向对方(恋爱对象或配偶)真诚地告白,说明自己的真实情况,对方一定会给予理解和同情的,只要有了对方的支持,再加上自己的努力,性依赖症的克复是一定能够做到的。

第六章

祈求平稳的改变

——恢复健康的十个步骤

恢复的步骤

终于到了该决定怎么办的时候了。对于阅读了本书大量关于恋爱依赖症内容的你来说,如果发现自己有类似的症状,现在是不是考虑想做点什么?想改变点什么?还是想"就这样维持现状也挺好,不需要做什么改变"?

如果想摆脱恋爱依赖症的困扰,恢复健康正常的人际关系,应该从本章介绍的十个步骤入手,一步一步地落实这些方法。只要开始行动了,改变的通道就打开了。

另外还有一个关键的因素,那就是坚持不懈的努力,这是非常非常重要的。恋爱依赖症的康复,特别是亲子关系障碍和创伤性经历造成的人际关系障碍的矫正,一般都需要经过几年的时间,不可能在短时间内恢复到正常状态。

有人按照书上写的方法或心理咨询师的建议去做康复矫正,但又害怕出现意想不到的情况(自己控制不了的事情)而全面停下来,又回到原来的状态,这是常有的事。

所谓变化,举个最简单的例子,就像从山脚下走到山顶上,这个变化过程能一蹴而就吗?能一步就蹦到山顶吗?不可能的,总要一步一步地来,从山脚下到山顶端的变化一定要经历一个过程,这个过程或许是一件非常耗时又耗费精力的事情,也许是一件无聊无趣的事情,甚至中途有停滞或倒转的可能,但一般情况下自己都没有注意到,其实自己已经一步步地远离了恋爱依赖症的困扰,正在一步步向健康的目标靠近,变化就是这样一步一步慢慢地实现的。

一定不要怀着悲观的态度去做改变,那样只会增加改变的难度,助长消极的情绪。为了提高恋爱依赖症者的心理健康程度,很多心理训练是非常有针对性和必要的,只要坚持去做就一定会有收获。

健康的人际关系的目标

这是落实步骤的阶段,首先要有一个可以参照的目标,心理学上健康的人际关系都有哪些标准呢?下面列举一些。

·自己和对方之间有着恰当的分界线(比如应该伸手去帮助对方的时候会适时地帮助对方,对方不需要的时候就与对方保持一定的距离)。

·"给予"和"接受"基本协调,相互平衡。

- 能够做到"现实"与"理想"的平衡。
- 人际关系良好,并能得到良好的运用。
- 不害怕成长中遇到困难,能够在成长中互相支持帮助,实现共同成长。
- 互相都承认和接受真实的自己和真实的对方,也能够坦率地承认彼此的差距。
- 支配与被支配、胜利与失败、利用与被利用,双方有平等的关系。
- 与人的关系不僵化、不呆板,十分灵活。
- 相互的关系生气勃勃。
- 不害怕亲密。
- 不行的事就说不行!做不到或不能做的事就说做不到或不能做!不能接受的事就说不能接受!当关系伤害到自己的时候,可以勇敢地离开。
- 从来不强迫别人,也不强迫自己。

警惕心灵的悲鸣——步骤1"承认"

在为酒精依赖症者专门设立的自助小组"匿名戒酒精会"(Alcoholics Anonymous)上,酒精依赖症者首先从介绍自己开始进行练习,"我叫……我是一个酗酒成瘾者"。由此可以看出,首先是自我承认,从自己承认自己是个酒精依赖者开始,一切的一切就都开始了。和酒精依赖完全一样,恋爱依赖症的康复也是如此,自己首先承认自己是个恋爱依赖症者，发展到这种程度自己确实有不可推卸的责任，对此要有一个基本的认识，这是最重要的。

这么做并不是让你马上就承认自己是个生了病的人，自己的一切都不好，不是那个意思，只是希望你在内心里能够认识到或承认自己当下虽然有诸多的问题，但这些问题一定会有办法解决的，关键是要找到解决这些问题的出路，自己应该有这样一个基本的态度。

恋爱依赖症者都对自己的问题有过度保护和否认的防卫心理，这种机制非常的强烈，自己明明深陷于痛苦的阴霾当中，却要极力回避自己的现实问题。常常摆出一副若无其事的样子，"我很好啊，我很幸福啊，我没有任何问题啊"，"因为爱着对方所以才更在意一些啊，那是没有办法的事情啦"，"只要对方能改变一些，我们的关系就没有问题了"，"谁不这样啊？都一个样的，没什么大不了的"。在我这本书里，这样的声音有很多。还有，"这就是我的命啊，都是命运造成的，自己实在没有办法了"，老把自己冲动行为的责任归结到运气和命运上，好像控制不住自己的行为不是自己的责任。这样一来什么时候也不可能有自我的变化，因为老抱定自己没什么问题，所以就没有必要去做改变。意识不到自己的问题怎么可能有变化的动力呢。

但是一旦意识到自己的真实状态和自己的责任的时候，情况就会完全不同。改变自己的命运，回归正确方向的支配权就掌握在自己的手里，这是对自己负责任的事，只要自己想去改变，无论或多或少都会有变化。哪怕从微小的一个改变开始，就在那一瞬间你会感到原来那么难以做到的事，现在却可以做到了，这个感觉很明显。就这一点变化就可以带来足以改变整个人生的不可估量的影响。

其实，自己能够承认自己就好，但对于心中的自己，恋爱依赖症从来都不愿意去正视，总感觉把心锁在了笼子里一样，虽然向外界投出的目光是温柔

> 恋爱依赖症者都对自己的问题有过度保护和否认的防卫心理，但是一旦意识到自己的真实状态和自己的责任的时候，情况就会完全不同。

的，但温柔目光的背后藏着太多的掩饰和假象。其实，只要承认和正视自己的现实，就可以从自身常年形成的防卫机制中逃脱出来，这是至关重要的一步。

需要他人的帮助——步骤2 "求助"

可以支配自己的行为和能够自我进行调整不是一回事。那种认为无论什么时候（视自己的心情而定），只要自己想脱离恋爱依赖症的羁绊，就能通过自我的支配脱离出来的想法是非常幼稚的，既不现实，也不可能。比如，酒精依赖症者仅以自己的个人意志来改变酒精依赖行为是非常困难的，可以说基本上是不可能的。但去医院参加自助团体活动，这是可以做到的，只要去参加类似的外界组织的活动，马上就会有改变。自己做不到的事情一定要坦率地承认自己就是做不到，然后积极地对外寻求帮助。如果做不到的事情仍固执地认为自己能够做到，不需要任何人的帮助，这样的话恢复和转变是不可能的。

怎样具体地对外寻求帮助呢？先在网络上检索有关恋爱依赖症这个主题的书籍（当然，本书也在相关书籍之列），最好寻找自助类的比较简单易操作的书籍，从书名、标题和目录中就可以检索出自己需要和感兴趣的内容，把这些与自己相关的书买回来，这是第一步。说实在话，关于"恋爱依赖症"的书是比较少的，有关心理健康、家庭关系、亲子关系、青少年成长等等这类书籍很多。选择好有针对性的参考书对改善和克复恋爱依赖症是非常重要的。

但是只一个人看书也有一定的局限性，按照书上的指导对自我进行对照的时候缺乏公正性和客观性，很有可能对自我的评价和对照出现偏颇以至于令自己悲观气馁，甚至自暴自弃、消极颓废。所以，在读书的基础上最好还是借助于外界（心理专家或朋友）的力量和帮助，外界看待自己总是比自己看待自己更客观、更准确。

向值得信赖的朋友倾诉，这有三个作用：第一是内心中隐藏着的隐私秘密和长时间积累积压的烦恼痛苦都可以通过倾诉的方式宣泄出去，心理咨询最大的功效和作用也在于此，就是让内心郁结困顿者能得到合理合适的畅快倾诉，仅这一点就能缓解倾诉者很大的压力；第二是让自己变得更加自信，敢于和朋友说出自己的心事，敢于暴露自己的隐私秘密，这会让自己逐步变得敢于面对和敢于承担；第三是从孤立孤独的情绪中走出来。一个人背负的隐私秘密和痛苦烦恼越多就越容易消极自闭，人都有一种防护心理，即对外有一道防

> 自己做不到的事情一定要坦率地承认自己就是做不到，然后积极地对外寻求帮助。这样的话恢复和转变才可能。

护墙，不愿让外人知晓自己的内心世界，这样做的结果会令自己陷入孤独无助的状态中去，人一旦陷入孤独就会形成恶性循环，越是孤独就越不愿与外界交流，长此以往，严重的心理疾患就形成了。恋爱依赖也是同理，越是依赖在不健康的恋爱关系上就越不重视其他人际关系的培养，就越是全身心地投入在单一变异的恋爱关系上，包括对性的依赖，对任何其他关系都不再感兴趣。

寻求专家的帮助或参加自助小组之类的活动是非常必要的，专家毕竟知识渊博经验丰富，在专业知识和技能方面有得天独厚的优势。自助小组是互相鼓励、相互支持的伙伴关系，有时和朋友也很难张开口的一些难以启齿的事，在有经验的人面前就很容易敞开心扉。当然，有时也会有些不太恰当的倾诉，比如严重的恋爱依赖症、严重的抑郁焦虑症、其他严重的依赖症等等，这些人的倾诉和表达往往比较偏执和极端，这种情况最好还是找专家咨询，一般找朋友倾诉是解决不了问题的。

需要注意的是，从第三步往后是有关亲子关系障碍和创伤性经历影响所应该采取的措施，患者可能会出现一定程度的情绪波动，在这种情况下专家的干预和自助小组的支持是很有必要的。现代社会对精神方面的抚慰还是非常重视的，在这方面日本与美国相比还有不小的差距，近些年来日本也开始逐步重视，现在也逐步达到了一个很高的水平。

认清自己的问题——步骤 3 "时常注意这些问题"

嗅到浪漫气息就陷入浪漫情怀的浪漫依赖症者，一看到烦恼的人就想救赎对方的相互依赖症者，被"深爱"压得喘不过气来、一心想逃离恋爱关系的回避依赖症者，与不固定的异性发生频繁混乱的性关系的性依赖症者，所有这些陷入恋爱依赖症的人都有属于自己的固定的行为模式，认清各自的行为特点，对照检查自己的行为特点，锁定自己问题的性质至关重要。如果你确定自己已经有了恋爱依赖倾向的话，那就要引起重视了，至少要考虑采取什么样的行动措施来解决这些问题。如果还没有这种警觉的话，那说明你还在"无意识"当中，再退一步说，只要倾向性不是那么明显，也没有给你的工作、学习和生活带来什么严重的影响，那就大可不必太过紧张，自己惯有的行为模式只要能给自己带来幸福，那就没什么问题，这样的行为可以一直保持下去。恋爱依赖症虽然也是一种习惯化了的行为模式，但它带给自己、家人或周围与自己有社会关系的人们的影响大多是负面的，最终导致的结果基本上是千篇一律的不幸与灾难。这就必须要引起足够的重视了，首先要认清这个现实，这就不是上面所说的"倾向性不那么明显"的问题了，如果你的行为真的像你自己认为的"不那么明显"的话，自己怎么会陷入这样一种痛苦不堪的困境当中呢？比如像下面这几种情况：

· 风流倜傥，浪漫多情，一转眼就陷入恋爱的处境的类型。这种类型的人应该想一想，到目前为止到底哪个是"白马王子"？哪个是"白雪公主"？不都是时间一长浪漫激情就退却了吗？

· "救济者"类型。一直在救赎对方，一直都沉浸在自我满足自我成就的感觉当中，最终爱确实因此而加深了吗？实际情况难道不是与对方的关系越来越僵了吗？对方原有的感激之情现在还有吗？

· "支配者"类型。动辄就把自己的意志强加在对方身上，最终自己到底得到了什么样的满足？现在双方的不快和对立不正是因为强迫性地支配对方才造成的吗？

· 与不固定的很多异性发生性行为的类型。一直在不遗余力地和异性发生性关系，到目前为止自己到底满足了些什么？内心得到平衡了吗？不正是因为无节制地和异性发生性关系，才导致了自己的变态性瘾和性乱吗？

首先要认清自身原来那些不好的行为模式，然后好好学习和掌握一些好的行为模式，对这些好的模式要认真仔细地观察和临摹。比如，一遇到心事重重、愁眉不展的人就想去帮助人家、拯救人家，然后为其提供周到细致的帮助。接下来当然会得到对方的感激，但这种帮助一旦过度就会成为一种习以为常和理所当然，而且，这种过度的关心和帮助会逐渐变成对方的负担，直到对方为了"减负"而想逃离这种"帮助"，最终引发了为防

> 所有陷入恋爱依赖症的人都有属于自己的固定的行为模式。认清各自的行为特点，对照检查自己的行为特点，锁定自己问题的性质至关重要。

> 把无意识的行为做意识化处理,就是把原来无意识的心理状态提升到意识层面,比如把过去的行为模式写在纸上,在强制的视觉冲击下,无意识的东西会被强化为有意识的东西。

止对方离开自己而更加拼命地去关心和帮助对方这样一个结果。所以,一定要客观地看待自己过去的这些行为模式,如果自己确实看不清楚的话,可以去问一下朋友,他们会告诉你有关你行为的真相,从他们口中得到的回答应该基本上是一致的:都是些老掉牙的固定模式和情节,一成不变的固定角色,一个套路的情感演绎,等等。不同的人可能会对你的老套路的描述有所不同,但差别不会很大,你应该据此来明辨自己真实的行为模式到底是怎样的。

浪漫依赖症者最突出的行为模式是"一见钟情",如果能够把握自己在什么时候会对什么样的人容易出现"一见钟情"就好了。现在已经知道的规律是相互依赖症者和回避依赖症者在彼此相遇的时候容易产生"一见钟情";性依赖症者压力很大的时候容易对异性产生"一见钟情"。所以,能够有效地控制好这个诱发源头的话,即使已经有了恋爱依赖症的潜在危险,即便仅差一步就变成了恋爱依赖症,由于知晓自己的诱因源头,可以通过自我干预进行有效控制,做到悬崖勒马、止步不前是没有问题的。

总之是要把握好自己的行为模式,换句话说就是把无意识的行为做意识化处理,这是精神分析的基本观点。所谓无意识行为的意识化处理,就是把原来无意识的心理状态提升到意识层面,说得具体一点,举个例子吧,比如把过去的行为模式写在纸上,贴在睁眼就能看到的地方，在强制的视觉冲击下，无意识的东西会被强化为有意识的东西，这就是"无意识的意识化的处理"。通过这种很简单的方式提醒自己时刻注意过去的行为模式，随时注意采取与过去不同的行为模式。假如你是个相互依赖症者，在与对方发生争执的时候，你可能会说"你让我怎么办呢？我不一直在想办法吗？"，现在如果再发生类似的争执，你就改变一下方式，你这样说："哦！原来事情是这样！真的让你为难了"，就这么简单改变一下语言的内容和语气，结果就会和过去完全不同（当然，最好是把这种新旧模式写下来，放在自己能随时看到的地方，以经常提醒自己）。

改变行为模式的想法一旦成为一种动力将会产生巨大的能量，在头脑里会形成"不行，我必须要变"的自我指令。但在一开始的时候身心会有些不统一，身体会有些不听大脑使唤的感觉，不管头脑里想怎样改变，行动上总是会有些抵触或抗拒，这是很正常的。所以为了实现期待着的那个结果就一定不要保持过去已经习惯化了的行为。如果还是和往常一样去做那些事情，而且还是有意识地去做的话，这时就要大声地对自己说：不能再这个样了！我能做好！我能够改变！然后再小声叮嘱自己：只是一直以来延续了相同的行为模式，现在绝不能再继续这样下去了，硬着头皮也要去改变，一定要做这样的抉择，不走这条新路自己就彻底完蛋了！这样做的话，无意识的东西被意识化了，对行为的控制力也逐渐被强化起来，朝着好结果的行动会在觉醒意识的推动下慢慢启动起来。

了解被压抑的欲望——步骤 4 "认识引力"

能意识到自己惯有的模式并不十分的困难，但摆脱这些惯有的模式是相当不容易的，因为在这些陈旧的模式里有着强烈的"引力"在起作用：孤独、不安、无聊、空虚、对现实中的自己的不满、转世的愿望、自我厌恶感、无力感、自我无价值感、害怕被遗弃、对过分亲密的恐惧、应激事件的伤害、过去的伤痛、对过去本应该得到的东西的渴望、对过去的再挑战、习惯了的模式、对父母的恨或者爱、对所需事物的渴望等等，各种问题举不胜举，这些问题都根植于恋爱依赖症者的深层心理中，盘根错节难以理清，它们综合起来构成了恋爱依赖症的深层"引力"。

恋爱依赖症的"引力"和一般情况下的"引力"在种类和程度上有很大的不同。恋爱依赖症者不是单纯地"喜欢恋爱"或"喜欢做爱"，酒精依赖症者也未必从本质上来说就喜欢喝酒。内藤濯译的《星之小王子》这本书里写了一个酒鬼，从星星上下来的小王子问他："你为什么总是在喝酒？"酒鬼回答说："因为想忘却喝酒的惭愧所以才不断地喝酒。"与这个意思大致相同，恋爱依赖症者也是隐藏了这样一些深层复杂的心理原因，也是为了避免抑或不想成为恋爱依赖症者才不遗余力地去做那些事情。

这种所谓的"引力"（在无意识中被压抑的欲望）到底是些什么呢？该如何来满足这些没有被意识到的欲望，并认清这种机制原理以防止不再重复那些同样的事情呢？举个例子，自己老想出去买点东西,但又不知道具体买什么东西好,结果来来回回去了几次商店也没买回来什么东西,这是因为自己不知道需要什么,所以就得不到应该得到的东西。如果自己知道自己真正需要的东西,知道自己为什么会喜欢上这种恋爱模式,知道吸引自己的"引力"到底是什么,只要这

> 孤独、不安、无聊、空虚、对现实中的自己的不满、无力感、害怕被遗弃、对过分亲密的恐惧、应激事件的伤害、对父母的恨或者爱、对所需事物的渴望等等,各种问题综合起来构成了恋爱依赖症的深层"引力"。

些东西都悉数了解了的话,就不会完全被那个"引力"所吸引,起码有能力减少被它的吸引,降低这个"引力"的力量和强度。

另外,过去在寻求偏激形式的恋爱或性爱过程中会用形形色色的手段去满足那些欲望,不知道可以用更加健康的方法也会得到同样的满足。其实,朝着虚伪的不健康的目标前行,既会伤害自己,也不会有好的收获,而朝着健康的目标前行,既能满足自己,又能给自己一个美好的结果,为何不选择后者呢。

不爱自己就不会爱他人——步骤5 "从爱自己开始"

如果能够真正意义上地爱自己,据实地接纳自己,可以断言绝对不会陷入恋爱依赖症。到底会不会陷入恋爱依赖症,实话实说,一切主动权都掌握在自己手里。弗洛伊德曾把"自爱"描述成一种病态现象,指出"自爱"必须要替换成"他爱",也就是说要从"爱自己"转向"爱他人",这中间一旦出了问题,就会引起一定程度的分裂或

导致其他心理疾病的产生。

美国精神分析学家凯福特与弗洛伊德的观点不同，他对"自爱"有积极意义的评价，他说"自爱"是个体成长中必须要形成的一种能力，这种能力反过来对自我的成长会有积极的帮助，"自爱"是每个人人格成长与健康的有效保障，首先是能够接受自我，之后才能够接受他人，现在大多数精神分析学派的专家都支持凯福特的观点。

凯福特的意思很清楚，一个人如果不爱自己的话，对别人也是很难付出真爱的。这一观点也符合恋爱依赖症的实际，比如对对方付出的表面性的爱，看上去好像是对恋人的悉心照料，其背后真实的原因是为了不和对方分开而表现出的过度热情，这种为对方付出的动力源自于自我的满足和需要，或者是本人因缺乏自爱，认为如果不为对方付出巨大代价的话，就没有资格得到对方的爱，所以，才不遗余力地付出，这是内心深处真实的动机和原因。

另外，不爱自己的话自己的幸福就无法保证，甚至还会从不幸一步步走向更大的不幸，甚至还会出现故意让对方虐待自己的事情，即为了赢得对方的欢心而不遗余力为其付出和奉献，以至于不惜牺牲个人的利益和尊严。之后会认为自己既然为对方付出了那么多，对方爱自己就应该是天经地义的，这么想来就觉得心安理得了。其实不爱自己的人很难真正意义上让他人得到满足，因为自己渴望爱情的愿望老是得不到满足，自己又缺乏自爱的能力，怎么可能心悦诚服地去满足别人抑或让别人得到真正意义上的满足呢，所以，由此而引发的自我否定感和自我无价值感就成了恋爱依赖症的病因之所在。

虽然如此，只在嘴上说说"一定要爱自己""一定要接受真实的自己"，等等，这些口头的表达或承诺是没有用的，一定要找到真实爱自己的感觉，找到真实的接受和喜欢自己的感觉，这是

> "自爱"是个体成长中必须要形成的一种能力，这种能力反过来对自我的成长会有积极的帮助。首先是能够接受自我，之后才能够接受他人。

最重要的（当然也不要陷入自恋型人格障碍那种过度自恋的状态），这确实是件不太容易的事情，"爱一个真实的自己"用文字写很简单，但做起来确实很难。即便再难也不能不做，正因为困难才有挑战的价值。当实现一个目标或达到一种程度的时候会有种极其兴奋或出奇制胜的感觉，那种愉悦的心情不是一般人能体会得到的。为了培养一个健全的"自我"，特提出以下两个具体的建议：

1. 让自己成为能量的焦点

恋爱依赖症者其实真正意义上也是为了自己，只是为了"爱"和"性"倾注其能量，除此以外是非常注意节省自身能量的。比如，到目前为止你在恋爱和性或者关照对方方面倾注了大量的精力、时间、金钱等等，而这次就是为了自己，把焦点转移到自己身上，把爱和性分开，就为了追求自己的快乐和幸福。如果是相互依赖症者的话，这次不去考虑"怎么做才能让对方更高兴呢"，把思考的模式改为：怎么做才能让我自己更幸福呢？记住，不能用"只要让他高兴了就是我最大的幸福"这种思考模式来支配

行动。

除了恋爱和性爱之外还有很多令你幸福、促进你成长的东西，你可能从来都没有注意过这些东西，或者没有机会遇见和发现这些东西。爱好也好、学习也好、运动也好、朋友交往也好、向新事物挑战也好（当然，与酒、毒品、赌博等其他依赖症相关的东西不行）。总之要在恋爱和性爱以外的其他方面尽量去消耗自身的能量，这样既能从单纯的恋爱、性和只依赖伴侣的桎梏中解脱出来，又能够培养自己自尊自爱的能力。你可能从来都没意识到自己有一种强迫观念，那就是只重视恋爱、性爱和伴侣，对其他事情的关注有点过分敷衍了，如果你问一下外人的话，大家一定会有这样的反映。所以，即便先从伪装性的改变走步也好，一定要在爱、性和与伴侣的关系上保持一定的距离，有必要把能量从他们身上集中到自己身上，然后分散到其他方面去。

2. 认知疗法

自我否定感涌上心来的话会在深层心理上留下三个深深的信念印记，因为有了这些信念，无论怎么做，无论付出什么样的努力都不会再拥有自爱的心情和能力。

1）到现在也没有人爱我。

2）我只是在做……的时候是被爱的。

3）所以，我必须去做，不做不行。

这些都是"非合理的信念"（irrational belief），是错误的，是一些非常有害的想法，把这些不合理的信念转变为合理的、正确的、有益的"合理信念"（rational belief）就叫做合理情绪疗法（rational emotional therapy），也叫认知疗法。合理情绪疗法不是针对事情或事物的本身，而是针对我们把握和思考问题的方式方法，用合情合理的思维方式来指导、调整和决定我们的心理状态。比如对方把约会取消了，一般人会认为对方一定是有急事了，不会是因为其他的什么缘故，但对于自我否定感强的人来说，对方取消约会就是"不爱自己"的证明，是想和自己分手的证据，马上就会陷入愤怒的情绪当中，或是对对方严加指责，恶语相向。

我们来解读一下刚才的三个不合道理的信念，其实背后的意思是1）我是一个不值得被人爱的人，2）保持"我在做……的时候"那个状态就足够了，3）可能做这件事的理由难以启齿，也未必是自己心甘情愿去做的，但自己不能不去做。这三个不合理的信念其实是把原来合理的信念给改写了，所以，从现在开始，要改变自认为这也不行、那也不行、就想保持目前这个状态的想法。首先要知道，这是因为合理的信念被否定了，自己绝对不能认罚服输，不能承认自己是个"失败者"，自己要给自己洗洗脑，把合理的信念硬硬地植入到自己的脑袋里。

再者，脑海中一旦浮现出自我否定意识时候，要立刻和这种意识做斗争，比如，自己做错了一件事，这时脑海中会浮现出一种自责的想法，果然是自己不行啊！一出现这种想法马上用相反的意识进行对抗：是人都会出错！以后注意点就好了！这个对抗对消除自我否定意识非常有效，但关键是要经常进行训练，只要形成习惯，自我否定感一定会越来越少。

认知疗法是当今心理咨询领域应用非常广泛、效果非常突出的心理咨询手段，对于培养健全的人格和健康的心理有着非常好的效果，恋爱依赖症者一定要学会和用好这一方法。

了解重大创伤对人造成的影响——步骤6 "客观地面对过去"

著名的人际关系和情感问题研究专家约翰·格雷在他的《男人来自火星，女人来自金星》(*Men Are From Mars, Women Are From Venus*)这本书里说，两性关系中发生的各种各样的问题，90%与过去的成长经历有关，与现实的经验相关联或者受现实经验所影响的占不到10%。对恋爱依赖症来说，症状越重说明过去经历的创伤越重，这是很好理解的事情，特别是幼年时期家庭关系中最重要的亲子关系对一个人一生的影响都是非常大的。儿童会对周围的人际关系进行"意识编程""模式认定"，比如会对父母之间的交往关系或父母对自己的管教方式进行模式认定，依据父母之间的交往关系认定"人就应该是这样的交往方式"，处理和对待事物的方法"就应该是这样"的，只有这样做才能得到爱等等，在基础认知方面某种方式被接受、认定和固化下来形成认知模式。所谓"三岁看老"其实说的也是这个意思。在幼儿时期的认识经验对一个人的影响几乎是终生的，即便长大以后，儿时形成的认知模式同样会影响和指导着人用儿时的经验去看待和认识问题。一个人如果在儿时有一种很好的认识经验或经历体验就好了，相反，如果儿时的经历、认识经验都不美好的话，那各种痛苦、生涩的人际关系与婚恋关系是肯定少不了的，而且这种烦恼和痛苦还会反反复复、没完没了。

另外，过去的那些心灵创伤以及被压抑到潜意识里的那些没有实现的欲望，还有自己无法控制的存留在心底深处的非常强烈的情感等，这些东西经常会刺激自己，最终会以偏激化的恋爱或变异的性爱方式呈现出来，这是恋爱依赖症的一个重要原因。

过去的经历对现在的恋爱产生了什么样的影响呢？能这样冷静、客观地思考这个问题的人很少，抑或说原来根本就没有人提醒自己去思考这个问题，自己也没有机会去理清这些问题，即使考虑过也是相当模糊的，无头无绪，无条无理，不可能有什么明确的思路或结论，所以，知晓过去的经历经验对现在的影响也是非常重要的。

看了本书以后，对过去发生的很多事情，尤其是一些对现在有重大影响的事情，应该有所认识了吧？所以，有必要时不时地回想并思考一下，提醒自己客观地看待过去发生的那些事情。最好是把那些事情都写在纸上，以本书和相关书籍为线索冷静地思考过去事件对今天的影响。当然，和专家一起去回忆那

> 过去的心灵创伤以及被压抑到潜意识里的没有实现的欲望，还有无法控制的存留在心底深处的非常强烈的情感等，经常会刺激自己，最终会以偏激化的恋爱或变异的性爱方式呈现出来，这是恋爱依赖症的一个重要原因。

些事情就更好了,"我到目前为止最痛苦的是什么时候?到底是什么事情让我伤心愤怒?"自己最好是先自问一下,然后对相关的事情进行回忆、思考,照着下面的样子逐项写下来:

我曾经有种被父亲抛弃的感觉,父亲对我非常的冷漠。

我想从父亲那里得到更多的爱。

我想对恋人充满(想从父亲那里得到但始终没有得到的)爱,这不是对恋人的满足吗?

所以,这次一定要爱个死去活来,拭目以待吧,即便关注在意得有点过分,即便问题有点严重,我也在所不惜。

如果这样做出一个从过去到现在一览式的表格的话,整个大脑的思路都会得到一次清晰的整理,从而产生出抑制潜意识的力量。当然,未必只有这个图式是唯一有效的选择,其他还有很多方法可以帮助人理清过去一直模糊不清的认识和思路。这个图式可以帮助当事者实现某种对立情绪的转移,即把过去对父母等人抱有的一些无意识的感情纠葛转移出去,同时减缓过去经历对当下的投射性影响,即借用第三方的视角来看待自己内心压抑的情感和欲求,就如同自己在看待别人的经历一样,这种"转移"和"投射"都是一种正常的心理现象,对切断过去的经历对现在的坏影响有非常重要的作用。

有些人老是活在过去,整天就是过去怎么怎么样;有些人老是当下很烦恼，不知道现在该怎么做才好，什么样的反应都有。不过从根本上解决恋爱依赖症的问题，面对过去是必不可少的。但也不能"头疼医头，脚疼医脚"，面对过去不是不顾当下，现在马上要做、马上就能做到的事更加重要，只是有必要拿出一定的时间去慢慢对待和消化过去那些事情，这确实不是可有可无、可做可不做的事情，是一定要去面对的事情。

相反，有些人过度纠结于过去的事情，比如，一触及过去的事情就变得气急败坏、绝望至极，心情会变得非常糟糕，内心充满了对父母的怨恨。"面对过去"和"纠结于过去"不是一码事，"面对过去"就是为了放下过去，不是为了纠缠于和父母的恩怨之类的才去面对过去的事情，只是为了获得某些线索去思考过去的事情。一旦明白了自己过去行为的原因，就会想方设法不被过去的事情所影响。

就像第2章叙述的一样，在"稳定"和"再挑战"的机制下如果能在重复过去的过程中认清自己，那会把过去和现在区分开来，过去是过去，现在是现在，长大以后（现在）再做出过去那些愚蠢行为的概率就会大为减少。当充分认识了过去那些行为的出处和原因的时候，就没必要再怨声载道了，不能再有"已经不可救药了""没办法了""都是他的原因造成的"等消极心态；应该用"原来是这么回事啊"这样的态度，从"面对过去"的思考中提取出原来意识不到的重要线索，冷静地接受过去，找到今后正确的行为出口或行为模式。在这个过程当中因为看到了不想看的东西，也许开始是非常痛苦的，但最终达到的却是自己想要的目标。

重新打开那扇郁结已久的心门——步骤7 "治愈过去"

如果真的如约翰·格雷所说,恋爱中的问题90%来自于过去的成长经历,那么"治愈过去"就变得尤为重要,但是,和"爱自己"一样,"治愈过去"是一个非常复杂困难的过程。初期的经验、经历和体会深深地印刻在了灵魂的深处,长年累月点点滴滴的伤害与刺激的积累,强烈的负面情绪与情感感受,理性的力量早已消失殆尽,单靠理性的力量消除那些"伤痕"是很难的。

如果你的"恋爱依赖"或"人际关系不健康"症状是比较轻的话,可以通过一面看书学习一面认真思考,把过去主要的创伤和经历写下来和当下的现实进行对照,也可以和信得过的朋友交流,即便只是为了放松一下自己,整理一下思路和心绪也是很有必要的,对改善自己的轻度恋爱依赖倾向或人际关系障碍也会大有帮助。用迎接挑战的心情和姿态来对待新的兴趣,一边快乐地发现自己,一边不断地改变和完善自己,在能力范围之内不断地努力就很好了。

如果症状比较严重的话,最好是在专家或经验丰富的朋友的指导下进行调整比较好。但"轻"和"重"的区分是件很难的事,心灵的创伤越深,不经意间触碰到自己"情绪底线"的危险越大。想把自己从深深的压抑与痛苦中硬生生地拽出来,这种做法是不太现实的。

如果建议去找心理专家做心理咨询的话，也许有点强人所难的味道。既然这样，那大家也可以自己去解决，推荐一个自我解决的方法供大家参考，这个方法叫作"重建疗法"（reconstruction），简单一点说就是修复过去"受伤的自我"，让当下的自我强大起来。

1. 选择一个清静的场所，一个人静静地坐下来，轻轻地闭上眼睛，慢慢、轻松、舒畅地调整呼吸。待心情逐渐平静下来以后，慢慢地开始回想过去那一幕幕伤痕累累的场面（场面的选择可参考步骤6的方法）。那些事情就像正在眼前发生一样，会激起你身心的不安，甚至是痛苦愤怒的情绪。

2. 就在眼前的这个场面里让"现在的你"登场，现在的自己通过"时光隧道"回到了过去，实际上也确实感觉到了自己又回到了那个曾经非常熟悉的环境里。这时你一定要站在远处看现在的自己，仅仅就看自己所处的那个场面和形象就可以。

3. 慢慢地一步一步向"过去的你"靠近，像是母亲抱着受伤的孩子的感觉，悄悄地、轻轻地拥抱住"过去的你"，同时对"过去的你"说："我知道你的痛苦""我了解你所有的委屈""不要害怕了""我会保护你的"，温柔亲切地鼓励"过去的你"。

4. "过去的你"对那个场面中的其他人（例如父母等）当时没有说出来的话，现在亲口把它说出来。这时"现在的你"取代"过去的你"，把过去想说而不敢说的话全部清清楚楚地表达出来。

5. 用温暖的爱包裹"过去的你"，终于说出了过去一直想说但始终没有说出口的话。这些过程都做完之后就可以慢慢地睁开你的眼睛。

这一过程不必着急，如果中间感觉很痛苦的话就马上停下来，不要急着往下进行，因为过去的心灵创伤具有一种非常可怕的负面能量，不顾这种负面能量而急着往下进行的话会有一定的危险。一点一点地，慢慢地，在自己很适应又能接受的状态下逐渐进行就好了。

就这样在心灵受到伤害的过去的场景里，让"现在的自己"登场，等于把过去的场景做一次"重建"，即便原来的场景本身依然存在，但因为意识有所不同（现在和过去的意识完全是两码事），在那个场景中被无意唤醒的愤怒悲伤情绪的危险性减弱了，另外，根据场景内容变化而感到痛苦的程度也会有所减轻，也就是说控制过去的影响力就是为了治愈过去，这就是所谓的"重建疗法"。

放弃执着——步骤8 "放手"

我不是一个特别有宗教信仰的人，但很认同佛教强调"舍弃执着"，这一点在心理学上也是给予认同的，因为但凡是沉迷执着于什么的人，大多是自寻烦恼自找痛苦的人。比如因为一时的工作失利而认定自己整个人生就失败了的人，因考学失利就认为人生没有了希望的人，等等，这些人整天都活在压抑、紧张、郁闷、窒息的氛围当中。诚然，工作、事业、升学、婚姻、家庭等所有这些人生的要务当然是越顺利越好，谁也不希望人生旅途中这些重要的事情被阻碍或遭遇失败，但过分地纠结于这些事情，认为这些事情只能成功不能失败，这就说明这些事情从某种程度上已经成了人生的负担，已经给人带来了负面的影响、烦恼抑或是伤害。所以，幸福的人生主要还是依据心理的健康程度来考量的，心理健康程度越高，幸福的体验和感受越不会依赖于上述人生经历的成败与否，相反，心理健康程度越低，越会把人生的"成功与否"、地位的高低贵贱看得重如泰山，所以才会不遗余力地去实现那些有可能根本就实现不了的目标。

如果这些事情未能如己所愿的话，"必须要出人头地"与"要是能出人头地就更好了"，"必须要考上这所学校"与"要是能考上这所学校当然就更好了"相比起来，哪种意识会令人幸福应该是一目了然的吧。这个比较是说后者的愿望如果没有实现的话，其热情也会遭到打击，也会有消极的情绪出现，不想再做努力的想法说不定也会有，但决非彻底的放弃，相反，有可能会紧紧地抓住不放，用迂回的方式去实现自己的理想，这和前者有可能出现的完全的放弃是两码事。

恋爱依赖症是指在恋爱和性方面紧紧抓住配偶或恋人不放手，在这一过程中所表现出来的种种不适行为，所以"放弃执着"对恋爱依赖症者来说是非常关键的。所谓"放弃执着"在心理学上的解释就是摆脱强迫性，"强迫性"这个概念也是前面我们多次提到的恋爱依赖症的关键词之一。为什么必须要把这个"强迫"丢掉呢？这是因为不放弃强迫就不能剔除内心深处留下的那些错误的信念，诸如以下：

自己的欲望只能靠恋爱来满足。

如果这个人不在的话，我就活不下去了。

如果我不在了的话，这个人就不行了。

性爱对自己来说是最重要的。

如果我能转世的话，完美的人一定会在某个地方等着我。

所有的事情都必须符合自己的心意。

为了得到那个人的爱，就必须要这样做。

爱我的人一定是能够理解我的人，也只有这个人值得我去爱。

只有我才能够理解这个人的事情。

恋爱才是自己的全部。

就这样，"只有这个""只有那个""只有这个人""只有那个人"等狭隘的想法和"必须要这么做""必须要那么做"的强迫感义务感铸就了恋爱依赖症的意识基础。所以，恋爱依赖症的恢复和改善就必须要从舍弃这些强迫观念开始。与其说舍弃，不如说"放手"更好，"放手"应该更容易理解和接受吧。

放手的概念用语言很难描述清楚，比如，不能再和他（她）见面联系了，这样做虽然有些极端，但必须要这么做，这就是放手；再比如"幸福的恋爱总是与自己无缘"这种悲观的想法必须放弃，这也是一种放手；再比如"要想恋爱就必须得这样做、那样做"，给恋爱设置了种种苛刻的条件，压抑了自身基本的欲求欲望，这种不合理的观念必须放弃，这也是一种放手。当然，从某种意义上来说强迫自己放手也是一种强迫，但这种强迫与过去形成的习惯性强迫有着本质的不同，现在的强迫"放手"正是为了缓解原来深层意识上已经形成并固化了的强迫意识和行为。

先把过去习惯性的想法重新改写一下，比如：

只有恋爱才能满足自己的欲望——其他还有很多种满足欲望的途径，恋爱只是其中一种。

我一定要得到这个人的爱——得到这个人的爱很幸福，但是，能给我幸福的应该还有其他人吧。

不这样做就得不到对方的爱——如果这样做对方很高兴的话我也会很高兴，但是，毕竟也有不这样做的时候吧，那也是没办法的事，尽自己最大的努力就可以了。

对于想死死地纠缠住对方，或者一方面过分地接受了对方的照顾，一方面又想方设法控制对方的相互依赖症者来说，"放手"是更加重要的事情。

对方既然是成年人就应该为自己的行为负责任。当然作为其配偶或恋人，为自己所爱的人倾心付出无可厚非，但付出不是大包大揽，不是承揽对方全部的事情，基本的事情该由对方本人去完成，自己能为其做到量力而行力所能及就足够了。无论什么事情你都替对方做了，这种过分的父母对孩子式的爱不是真正意义上的爱情，这种做法不仅会给自己带来烦恼、压力抑或痛苦，对对方本人来说也是不负责任

> 强迫自己放手也是一种强迫，但这种强迫与过去形成的习惯性强迫有着本质的不同，它是为了缓解原来深层意识上已经形成并固化了的强迫意识和行为。

的，自己成了对方的看护者，默默地关注着面前这个永远都长不大的孩子，这也可以被称之为是一种"爱"，但这种"爱"实在算不上健康和正常，应该早一点放弃这种"爱"。

就像步骤6所说的，一旦明白了过去那些事对现在的影响，就开始对过去的事耿耿于怀牢骚满腹，不是埋怨父母就是仇恨过去，只想着过去那些不好的事情，到头来什么问题也解决不了。我们提出"了解过去对现在的影响"，目的是为了知晓自己问题的来龙去脉，并不是为了让当事人紧紧抓住过去不放。所谓面对过去是在"治疗过去"的过程中，即便有压抑感、挫伤感、痛楚感也不要揪着过去的事情不放，恰恰相反，用平静平和的心情和过去"分手"，让自己原谅自己、谅解他人也释怀过去。

绝不走回头路——步骤9 "抗拒反弹"

有过减肥经历的人都知道，减肥是一件非常难以坚持下来的事情，稍有松懈就会反弹，反弹的后果往往会比原来更胖更重，这是大家都能理解的事。凡事都有前进后退，跌宕起伏，身体状况是如此，心情也是如此，一段时间可能"阳光明媚"心情不错，一段时间有可能是"阴雨连绵"心情沮丧，这种周期性的变化谁都有过体会。恋爱依赖症的恢复过程也是同理，每一恢复过程都会有不同的体会，但无论是心理上还是行为上都会感觉到是朝着健康的方向迈进的，即便自己说不太清楚到底到了一种什么样的程度，但终究是朝着好的方向发展的。但过程中出现反弹是不可避免的，每到这个阶段内心会涌出一种想回到从前的冲动，受这种冲动的影响很容易回到从前的老样子，又想要那种"罗曼蒂克式的邂逅""浪漫刺激的相遇"，又想极尽所能倾其所有地去爱、去拯救、去帮助对方，头脑又开始发烧发热。好不容易和对方分手，现在又变得不联系不行了，性爱的冲动又高涨起来，恨不得满大街去找做爱的对象，寻找一切做爱的机会和可能，等等。

> 千万不要输给倒退的行为，你正脚踏实地地行进在恢复的征途上，这是事实。也许你认为现在的状态比以前"吸食毒品"的状态更难受，但现在你身体中的毒素已经慢慢被"拔出"了体外，这是最最有利的证据。

另外，还有这种可能，在恢复的过程中和配偶（恋爱对象）的关系逐渐变得健康起来，但这种健康并不意味着双方关系的彻底修复，沟通交流还存在着很多问题。因为过去一直习惯于吵吵闹闹，要么相互指责攻击，要么一味讨好迁就，但最后都是用"性爱"结束争吵，这成了固定的模式。现在的关系虽然开始恢复，但健康的关系模式并没有真正建立起来，所以，沟通交流往往还会显得有些呆板生涩。

以上是恢复过程中必然遇到的事情，恢复过程中还会夹杂着一些生涩感和无聊感，和过去整天追求浪漫刺激、追求狂热的恋爱和性爱肯定不是一个感觉。但你要知道在过去那些偏执的追求过程中是要消耗巨大能量的，就像第2章里讲过的"幸福的上限"一样，"幸福"的背后也可能会伴随着巨大压力，甚至是巨大的成本付出，在此基础上构建起来的"幸福"会因为"恋爱依赖症"一败涂地，这不是一个小损失的问题，是关乎整个人生幸福与否的大事。

千万不要输给这种倒退的行为，你正脚踏实地的行进在恢复的征途上，这是事实，也是有目共睹的，是一件非常值得可喜可贺的事，就如同吸毒者进入了戒毒状态一样，这段时期肯定会很痛苦，一定会有回头的想法，这是可以理解的，但超越这个阶段才是真正的回归，而且健康美好的前景正在前方召唤等待着你，绝不能随便放弃已经付出的艰辛努力。好好把过去和现在的状态比一比，到底哪个时期的状态更难受，也许你认为现在的状态不好受，比以前"吸食毒品"的状态更难受，其实不是这样的，现在你身体中的毒素已经慢慢被"拔出"了体外，这是最最有利的证据。

你也许有过几次反弹的体会，那也好，可以把每次反弹都当作一次课程好好地去学习和理解，也可以把每次反弹都当作是一次考试，如果知道有考试的话就应该提前做好准备，争取把这次"试"考好对不对？总之反弹是一定会有的，但必须要战胜它，否则人生就会因恋爱依赖的问题而遭受重大影响。

相信自己的力量——步骤10 "鼓起勇气迈出第一步"

本书终于到了最后一小节了。我想你得到这本书不应该纯属偶然吧，也许只是出于好奇心，也许是因为有很多类似的烦恼，抱着切实想改变什么的想法，你得到了这本书。单从你重视"恋爱依赖症"这个关键词上也能感觉出你应该是想从中学习点什么、了解点什么，你的潜意识已经说明了这个倾向。

把"恋爱依赖症"的克服当作目标的人，或者到不了这个程度，只是在恋爱过程中遇到一些问题的人，鼓起勇气迈出第一步都是很重要的，如果这本书你已经读到了这里的话，说明你已经做好了充分的准备（否则你早就中途放弃了，不会一直坚持读到这里），接下来就是迈出第一步的问题了。本书中写的那些事情或许和你有很多相似之处，那你就要按书中所说的去做，勇敢地迈出第一步。对于你来说可能不知道前景是什么，难免会有些忐忑不安，担心害怕也是正常的。

但是，到目前为止一直盼望着对方能有所改变，或者有奇迹会出现，或者一直忍受着这些痛苦而踌躇不前，抑或继续的自我欺骗，来回兜圈子，苦思冥想也没有解决的办法：如果是这样的话就一点意义也没有了，对现实没有丝毫的作用。这样你就必须要做点什么了，虽然不可能给你指出一条让你用眼睛能看得到的光明前景，但你只要有所行动就一定会有所改变，这是毋庸置疑的。

到底应该做什么呢？可不可以先把自己想要做的事情写在纸上，然后再去找心理咨询师沟通一下，这应该是最容易的事了吧，说做就做，给自己一个月的时间把这两件事做好。没必要给自己太多的压力和限制，这件事应该在一个宽松快乐的心境下去完成，以这样的心情心态才有可能把这件事做下去，接下来循序渐进，慢慢地成效就有了。

> 这本书你已经读到了这里的话，说明你已经做好了充分的准备，接下来就是迈出第一步的问题了。

用日记的形式记录下整个过程也是一个好方法，自己都做了些什么，想了些什么，感觉到了些什么，都一一地记录下来，这样的话能看清楚自己是怎么一步步走过来的，能够防止出现同样的错误或反复。从另一个角度来说，日记可以作为自己专用的行动指南，没有比日记更能让自己看清自己、了解自己的了。没必要急着下结论，恢复需要一个漫长的过程，心急是看不到自己前行的脚步的，反倒容易出现反弹。你可能会怀疑，一直这样坚持真的会有效吗？回答当然是肯定的，只要坚持不懈，恢复到你想要的状态只是个时间问题。

还要注意的是，恢复是没有止境的，越往前行就越是觉得幸福，越幸福就越是要前行，所以，"不用再恢复了""不需要再改变什么了""和之前相比已经好得太多了""恢复得已经很完美了，已经没有什么问题了"等的想法是不可取的，人的成长是一个过程，这个过程没有终点。

关键在于你是不是已经感觉非常非常的痛苦了？如果现实确实如此的话，你还畏惧什么？还有必要为挑战未知而担忧吗？你要明白一个道理，在改善自我的道路上不只有你一个人，和你一样在痛苦、迷茫和困境中苦苦挣扎摸索的人数不胜数，往大里说几乎每个人都需要面对，难道你能被排除在外吗？

谁也不知道最后的结果是什么，也许会和对方分手，也许两个人的关系会有所改善，与其说纠结于揣测这样那样的结果，不如把注意力放到自己身上，放到自己的恋爱依赖的克服问题上，一旦自己有所改善，心理的感受马上会有很大的不同。如果认为还是分开好的话，那就抓紧分手，如果认为还有进一步改善和调整的可能，那就朝着改善的方向去努力，千万别纠结于现状，停滞在一个点上踌躇不前，无论选择哪个方向，只要选择了就放心大胆地奔着那个方向去行动。

"紧握水果刀"的那一瞬间改变了由美

还记得例1中的由美吗？就因为她忽然间紧紧握住了厨房里的水果刀，就在那一刻她突然有所醒悟，接下来的行动拯救了自己。

在被良树充分利用、身体遭到良树持续暴力接近半年的时候，由美的承受能力达到了极限。想分手又无力挣脱，良树对她又是那样的残忍暴虐，在这样的状态下由美实在无法忍受，严重的失眠和应激性的抑郁同时出现了。

一天，良树突然又来找由美，纠缠由美非要一万日元的零花钱。良树一直以来都是这个德行，要钱的时候装得挺温柔的，除了这个时刻之外对由美都是一副冷冰冰的面孔。良树走了之后，正看电视的由美突然站起身来，走到了厨房里拿起一把水果刀，紧紧地攥在手里。她也不知道自己为什么会这样，是想割腕自杀吗？还是想杀了良树？可能是有各种各样的想法吧，握着水果刀的手在颤抖着，不知道自己想干什么。但就在抓起水果刀的那一瞬间，好像在自己心中大声地喊出了什么……

"我这是在干什么呢？"

由美自己也大吃一惊，怎么会有如此的行为，此时好像并不冲动，而且还十分的冷静。她攥着水果刀，岔开双腿（日本女人很少采取这种坐姿，被认为不雅——译者注）坐在厨房的椅子上，手捂着脸，紧紧地闭着眼睛，过了有一分钟的时间，她发出了声嘶力竭的号啕声，泪如泉涌。这是她第一次意识到自己在做傻事，她很清楚这一切都是对良树的愤怒，不是对自己的不满。这一瞬间她清醒了，非常客观地意识到了问题的性质，好像自己心中的另一个自己非常清楚明白地告诉自己，应该离开良树，应该尽快地结束这一切。

从这一天开始，由美改变了。

以前别人曾给过她一本有关恋爱、婚姻、情感的书，但她从来没有看过，这会儿她特别想看那本书，但早已不知道放在了何处，几经翻找也没有找到。不得已她来到了书店，一下购买了好多现在看着特别亲切和需要的书，都是有关婚恋情感的。她在书里找到了那么多和自己同病相怜的人和故事，一时间她竟不敢相信这些和自己命运相同的人和故事是真的。看着看着几行眼泪落在了书页上。为了找到解决自己问题的出路和办法，她决定把这几本书通读上几遍。

后来她知道自己为什么离不开良树了，这是因为自己也是个"相互依赖症"患者。然而为什么自己好好地就成了"相互依赖症"患者了呢？后来，她也深切地明白了这其中的原因。具体的原因分析在此就不做详细解释了，简而言之，自己和良树的关系就是父亲和母亲关系的延续，内心虽然非常讨厌甚至憎恨自己的父亲，但毕竟是自己的生身父亲，这是没有办法的事，别说自己无法选择和逃避，就连母亲不也没有办法逃避可恨的父亲吗？正因为如此，由美也怪罪甚至怨恨自己的母亲。在与异性交往的时候，和父亲具有同样特点的人最容易引起自己的注意，但殊不知，两性关系的第一印象是非常重要的，当第一眼就对一个男人有印象（感觉）了，这几乎就成了恋爱的基础，也是建立关系的第一步。由于这个人毕竟不是自己的父亲，直接把对父亲的恨移植到他身上是不可能的，但认识他的第一个眼缘却与父亲有着千丝万缕的关系，只不过这第一个眼缘很快会被爱情的假象所迷惑和替代罢了。认识他是因为对父亲的某些情感因素，但爱上他却又走上了一条和母亲一样的"依赖"之路。如果没有父母婚姻悲剧的影响的话，她不会有这种投射般的参照，换句话说，父母给了她很强的暗示性的引导，等同于手把手地教会了她怎样去依赖一个不负责任的男人。

由美向我提出了想进一步求助的请求，但因为我的教学工作实在太忙，我只能在"相互依赖"的机制原理和行为特点上给她做一番解析和指导，也提出了我的具体意见和建议，同时给她介绍了一位心理咨询师，让心理咨询师给她具体的帮助，我认为这样对她来说是最好的。

在做了三个月的心理咨询之后，由美的情况开始发生变化，先是决定和良树分手，但虽然口头上说"想分手""他不来了""已经搬出去了"等，但最终并没有坚持到底，只是关系暂时不像以前那么恶劣而已，当然也不是单方面地保持沉默，拒绝和良树有激烈的矛盾冲突，朋友们也都劝说良树把自己的行李拿走，但就连这种要求最后也未能实现。只要一说分手，良树就暴跳如雷，暴露出穷凶极恶的暴力本性，嘴上不停地说"你要和我分手，我会杀人的"。但是，他也知道由美已经不是以前的由美了，不可能再继续被他利用，所以，在看不到有任何挽回的希望之后，他主动离开了由美。

他们分开大约一年的时间，由美也从恋爱依赖的困境中彻底走了出来，现在正在谈着非常健康幸福的恋爱。偶尔会与良树有电话联系，但绝对没有再见过面，只是作为非常普通的朋友。由美说自己现在的情况非常好，在恋爱、和朋友的交往以及学校生活方面都非常的健康快乐，确确实实从恋爱依赖症的困境里走出来了。

由美是个比较特殊的例子，在遇到巨大打击不知道该怎么办的关键时刻寻求了帮助，勇敢地迈出了第一步，通过心理咨询的方式给自己的内心注入了强大的力量。对于看到本书的你来说，也赶紧行动起来吧，鼓足勇气迈出第一步，现在马上就行动，绝对不晚。

恋爱的目标就是冲着幸福去的，就是奔着给自己带来幸福生活的目标去的，这是天经地义的事情，在这一过程中既不能欺骗别人，也不能被别人欺骗，千万不要轻信那些所谓的"有爱就有恨""爱有多深，恨就有多深""大爱莫过于大恨"等骗人的说法，也不要被自己无意识中的那些灰暗情绪所蒙蔽。幸福只有一种，不存在痛苦中的幸福、磨难中的幸福、伤害与背叛中的幸福。在我们的心里幸福就是一种甜美、安静、和谐、快乐、安全、自在的感觉，希望你也能拥有这种感觉，体会到这种感受。

人生的大部分事，都是习得的，不是考试而是习得，合格与不合格，成功与失败不是上天给分配好的，而是让我们在不断的学习过程中提高我们的能力，合格说明你的学习过关了，不合格说明还要继续努力，继续学习。恋爱中遭遇的痛苦或伤害等同于人生中一个阶段的宝贵课程，你要在这个阶段不断地学习，才会在今后的恋爱和生活中有所成长和提高，有了这样的想法，那就迈出远离恋爱依赖症的第一步吧，最后，用下面一句话作为本书的结束语。

> 恋爱的目标就是冲着幸福去的，这是天经地义的事情。幸福只有一种，不存在痛苦中的幸福、磨难中的幸福、伤害与背叛中的幸福。幸福就是一种甜美、安静、和谐、快乐、安全、自在的感觉。

"面对一种未来，你可以选择转过身去。无论什么时候，你都可以再进行选择，只要面对一种未来，就要积极地面对它的过去。"